人文社科
高校学术研究论著丛刊

心灵之光：
大学生心理健康维护研究

张津凡 席文彪 著

中国书籍出版社
China Book Press

图书在版编目（CIP）数据

心灵之光：大学生心理健康维护研究 / 张津凡，席文彪著 .-- 北京：中国书籍出版社，2022.3
ISBN 978-7-5068-8956-8

Ⅰ.①心… Ⅱ.①张…②席… Ⅲ.①大学生 – 心理健康 – 健康教育 – 研究　Ⅳ.① G444

中国版本图书馆 CIP 数据核字（2022）第 042833 号

心灵之光：大学生心理健康维护研究

张津凡　席文彪　著

丛书策划	谭　鹏　武　斌
责任编辑	毕　磊
责任印制	孙马飞　马　芝
封面设计	东方美迪
出版发行	中国书籍出版社
地　　址	北京市丰台区三路居路 97 号（邮编：100073）
电　　话	（010）52257143（总编室）　（010）52257140（发行部）
电子邮箱	eo@chinabp.com.cn
经　　销	全国新华书店
印　　厂	三河市德贤弘印务有限公司
开　　本	710 毫米 ×1000 毫米　1/16
字　　数	218 千字
印　　张	13.75
版　　次	2022 年 7 月第 1 版
印　　次	2022 年 7 月第 1 次印刷
书　　号	ISBN 978-7-5068-8956-8
定　　价	78.00 元

版权所有　翻印必究

目 录

第一章 大学生心理健康概述 … 1
- 第一节 心理健康的内涵 … 1
- 第二节 大学生心理健康的内涵 … 5
- 第三节 大学生心理健康教育 … 11

第二章 大学生适应心理维护研究 … 23
- 第一节 适应概述 … 23
- 第二节 大学生常见的适应心理问题 … 25
- 第三节 大学生心理适应问题的原因剖析 … 36
- 第四节 维护大学生的适应心理 … 38

第三章 大学生学习心理维护研究 … 46
- 第一节 学习概述 … 46
- 第二节 大学生学习的特点 … 54
- 第三节 大学生常见的学习心理问题 … 56
- 第四节 大学生学习心理的维护 … 66

第四章 大学生情绪维护研究 … 73
- 第一节 情绪概述 … 73
- 第二节 大学生情绪心理的特点 … 79
- 第三节 大学生常见的情绪心理问题 … 84
- 第四节 大学生良好情绪的培养 … 90

第五章 大学生人际交往维护研究 … 95
- 第一节 人际交往概述 … 95
- 第二节 大学生人际交往的类型与特点 … 103
- 第三节 大学生常见的人际交往问题 … 108

  第四节 提高大学生的人际交往能力……………………117
第六章 大学生恋爱心理维护研究………………………124
  第一节 爱情概述………………………………………124
  第二节 大学生恋爱的动机与心理特点………………129
  第三节 大学生常见的恋爱心理问题…………………133
  第四节 大学生恋爱心理的维护………………………140
第七章 大学生网络心理维护研究………………………143
  第一节 网络概述………………………………………143
  第二节 大学生的网络心理特点………………………148
  第三节 大学生常见的网络心理问题…………………157
  第四节 大学生网络心理的维护………………………161
第八章 大学生品德心理维护研究………………………166
  第一节 大学生的品德心理结构………………………166
  第二节 大学生常见的品德心理问题…………………174
  第三节 大学生品德心理的维护………………………179
第九章 大学生就业心理维护研究………………………187
  第一节 就业心理概述…………………………………187
  第二节 大学生常见的就业心理问题…………………194
  第三节 大学生就业心理问题的原因分析……………198
  第四节 大学生就业心理问题的调适…………………202
参考文献………………………………………………………211

第一章 大学生心理健康概述

青年时代,是人一生的黄金时代,是长身体,长知识,长见识,各方面日趋成熟的时期。处在此时的当代大学生,其生理、心理的变化既快又显著,表现出许多突出的特点。总体上来说,多数大学生的心理是健康的,他们思想活跃,精力充沛,朝气蓬勃,求知欲强,渴望成才,对未来充满信心,充分体现了时代的特征;他们善于独立思考,学习效率高,有较健全的意志,自我意识也有新的发展,认识水平和认识能力逐步提高;情绪体验丰富且较稳定,并拥有良好的人际关系,对生活充满理想,进取心强烈,表现出饱满的青春活力,体现出人格的完整和统一。他们的人生观、世界观逐步形成,对社会、对人生、对生活、对学习都有较客观的认识,自我调控能力也有提高,能较好地适应社会生活。

第一节 心理健康的内涵

一、心理健康的定义

心理健康是人们长期实践活动中总结出来的对人类健康的新认识。"无病即健康"的传统观念一直束缚着人们对健康的正确理解。教育界也没有引起足够的重视。随着现代尖端科学技术的提高,新的科技手段不断地被用于人的心理和健康关系的研究,人们对人的健康有了全新的认识。研究结果表明:人的心理的、社会的和文化的因素同人的生物因素一样,直接或间接地对人的健康和疾病产生影响,使得人们不仅关心自己身体健康状况,更关注自身的心理素质和社会适应能力,以便使自身发展适应社会发展的需要,去实现自己在为社会服务中追求的完美的人生价值。心理健康包含着什么是心理健康和如何才算心理健康,前者回答心理健康是研究什么,后者回答心理健康的标准。

二、心理健康的标准

（一）心理健康的标准

关于心理健康的标准,世界各国的学者都提出了不同的看法,至今还没有一个公认的标准。

心理是否健康,目前还不能像躯体健康那样可以通过各种检测予以客观评价,更何况处于不同社会制度和民族文化背景下的人们,对心理健康也会有不同的要求。尽管如此,各国心理学家从本国实践中总结出心理健康标准。

美国心理学家马洛斯提出正常心理的十条标准。[1]

（1）良好的现实知觉,如实地看待世界,生活的理想和目标符合实际,不是按自己的需要和欲望看待世界。

（2）有独处和自立需要,有充分的自我安全感。

（3）接纳自然,接纳他人,能接受别人的不足和缺点而不感困惑,仍保持良好的接触。

（4）接纳自己,充分了解自己。对自己的不足和失败也不会感到羞耻或内疚,经得住打击。

（5）保持着人格结构的完整与和谐,坦率、真实。

（6）热爱工作,经常有新的愉快体验,有从经验中学习的能力。

（7）对社会有兴趣、对人有强烈、浓厚的情感,能保持适当和良好的人际关系。

（8）具有适度的情绪表达与控制。

（9）在不违背集体意志的前提下,有限度地发挥自己的个性。

（10）在不违背社会道德规范的情况下,适度地满足个人的基本需要。

（二）我国心理健康的六条标准

我国多数心理学家,根据我国民族文化特点,提出了心理健康的六

---

[1] 桂捷.高校德育与心理健康教育研究[M].沈阳：东北大学出版社,2018.

条标准。

1. 对自己有正确的认识和恰当的评价

心理健康的人,既能了解自己,也能接受自己,对自己的相貌、体型、生理特点、健康状况及心理活动有比较全面的了解。对自己的能力、性格和优缺点都能做出恰当的评价。这样的人既不高估自己,提出不切实际的生活目标,也不贬低自己,为自己存在的某些不足而自责、自怨、自卑。心理健康的人能正确应对别人的评价,在尊重自己中自我意识稳定,自信、果断,对生活充满信心,努力发挥自己的潜能;反之,一个心理不健康的人,对自己总是不满意,处在强烈的心理矛盾冲突之中。不要去追求无法达到的十全十美,而要把个人生活目标和社会目标结合起来,充实生活,保持着一种积极上进的心理状态。

2. 正视现实并对现实环境有良好适应

心理健康的人能够面对现实,接受现实,准确地把握现实,主动地适应现实,从而进一步地改造现实。心理健康的人面对不利的现实环境,敢于迎接各种困难和挑战,勇于面对现实生活中的问题,能实事求是地妥善处理。

3. 建立和谐的人际关系

心理健康的人乐于与人交往,不仅仅在与亲属、朋友、同事的交往中感到心理上的安全,而且能在交往中与集体融为一体,感受集体的温暖。心理健康的人总是注意别人的长处,能容忍别人的不足和缺点,从不苛求别人,对别人总是能理解、同情,充满着爱。

在生活中,既能与朋友、同事欢聚一堂,也能独处而无孤独感。有了这样的思想境界,便有了和谐的人际关系,在精神上自然得到安慰。

4. 热爱生活,献身事业

心理健康的人珍惜和热爱生活,通过投身事业尽情欣赏、享受生活各个方面的乐趣,调剂精神,忘记烦恼。所谓的"工作疗法""职业疗法",就是在埋头学习和工作中获得满足,与别人分享精神上的充实。心理健康的人善于通过各种活动调剂紧张的生活,消除疲劳、解除苦闷。如体育活动能使人体魄健壮,勇敢乐观,心灵健全;欣赏音乐能使人心旷神怡；书法绘画能陶冶情操，舒畅胸怀。总之，从热爱生活、献身事业中体验到生命的全部意义。

5. 保持健全的人格

心理健康的人的气质、能力、性格、兴趣、理想、信念、人生观等人格结构能协调平衡地发展。人格作为人的整体的精神风貌能够完整、协调、和谐地表现出来；思考问题比较成熟，有全局观念；待人接物有自己的处世原则，又有较为恰当的灵活态度；对外界的刺激较为冷静，不会有偏颇的情绪和行为反应；有社会责任感，与社会步调合拍，能和集体融为一体。

6. 能调整情绪，保持良好的心境

心理健康的人心情愉快，情绪稳定，精神振奋，乐观开朗，事事满意，悲忧愁怒等消极情绪很快被积极情绪所替代；能适度地表达自己的情绪，对刺激引起的情绪能进行调节控制，以摆脱过强情绪和不良情绪对自己的影响和干扰，做到喜不狂，悦不绝，悲不伤，胜不骄，败不馁；调节好潜在意识使其处在自然的平衡状态，始终保持心境活泼、开朗稳定、豁达、充满朝气。

心理健康标准具有相对性。心理健康与心理疾病或心理异常之间没有明确的界限，它是一个连续渐近体系的两极。每个人都有健康的一面，也有其独特、古怪、异常的一面，关键要看其健康与异常两方面行为发生的频率与程度。若异常行为屡屡出现，持续时间长，便视为健康有问题。从健康到不健康是一个渐变的过程，人的一生的健康状态也并不固定，处在多变状态，没有一个人能在任何时刻都能达到绝对健康状态。这就提醒我们，如果不注意增强心理素质，心理健康水平将会渐渐下降，出现心理病态，甚至成为心理障碍者。同时还要提醒我们，尽管目前我们是健康的、正常的，但并非都处于心理健康的最佳状态，这就需要我们自觉地努力提高心理健康水平。[①]

---

① 李正军. 高校网络心理健康教育导论[M]. 南昌：江西高校出版社，2009.

第二节 大学生心理健康的内涵

大学生是一个特殊的社会群体,在年龄、知识结构、生活环境、学习和交往等方面都有其特点。

一、大学生心理健康的定义

大学生心理健康是心理学术用语,指的是大学生的心理具有青年中期的许多特点,但作为一个特殊群体,大学生又不能完全等同于社会上的青年。心理是否健康一般采用量表测量,其标准不是固定不变的。心理健康标准随着时代变迁、文化背景变化而变化。

大学生群体,一个看似轻松,事实上却承担巨大压力的群体。在学业、生活、情感、就业多重大山的压迫下,大学生的心理健康已经告急。一个个血淋淋的事实,在不断警示我们,要关注大学生心理健康。2000年,由北师大心理系团总支、学生会倡议,十多所高校响应,并经北京市团委、学联批准,确定每年的5月25日为全国大学生心理健康日,目的是呼吁大学生关注自己的心理健康,并以此掀起社会关注心理健康热潮。

二、大学生心理健康的标准

大学生心理健康标准的确定首先应该具有针对性。就是说,这些标准应符合大学生群体的特点,既要立足于他们已经接受过系统的学校教育,具有相当高的科学文化水平这一现实,又要着眼于国家社会对他们的未来有较高的期望。其次,大学生心理健康的标准应该具有可操作性。即尽力做到简单明确,易于掌握,切实可行。据此,我们在分析国内外研究成果的基础上,结合中国大学生心理的实际,概括出以下七个方面大学生心理健康的标准。[1]

---

[1] 马剑侠.大学生心理健康教育[M].开封:河南大学出版社,1999.

（一）正确地认识自我，接纳自我

所谓正确地接纳自我，就是能正确应对别人的评价，自我认识稳定，并保持积极的生活态度，努力发展自己的潜能。反之，一个心理不健康的人，往往不能恰当地认同自己，存在强烈的心理矛盾和冲突，对自己总是不满意，缺乏积极的自我态度。总是要求十全十美，却往往不能实现，因而无法保持平衡的心理状态。心理健康的大学生在评估自己的反应能力或解释现实时，比较客观，不高估自己的能力，不轻易承担超过自己能够胜任的任务，也不低估自己而逃避任务。

（二）对现实和环境的良好适应

一个心理健康的大学生一般心境良好，愉快、乐观、开朗、满意等积极情绪状态占主导，但同时又能随事物对象的变化而产生合理的情绪变化。所谓合理的情绪变化是指，当有了喜事时感到愉快，当遇到不幸的事时产生悲哀的情绪。此外，还能依场合的不同，适当地控制自己的情绪。面对不利的现实环境，既不怨天尤人，也不采取逃避的方式，而是敢于面对现实的挑战。在现实和环境发生改变时，能及时调整心态和行为，使之与新的环境保持一致。心理健康的大学生能适应不同环境下的社会生活，不管处于什么社会生活环境下都能主动同社会保持接触，让自己融入社会，自觉用社会规范来约束自己，使自己的行为符合社会要求，而不是把自己孤立起来，与社会格格不入。

（三）和谐的人际关系

心理健康的大学生乐于与人交往，在工作、学习和生活中，不仅能接受自我，而且也能悦纳他人。他们能经常与他人进行沟通，并保持和谐的人际关系。在与人相处时，同情、友善、信任、尊敬等积极的态度总是多于猜疑、畏惧、嫉妒、敌视等消极的态度。在学习和生活中有乐于助人和合作共事的优良品质。心理健康的大学生乐于与人交往，对人态度积极；能理解和接受别人的思想、感情，也善于表达自己的思想、感情；高兴地接纳他人和自己；既有广泛的朋友，也有少数几位知心朋友。

（四）热爱生活，乐于工作和学习

他们不在乎生活事件的渺小，能够从中品味到生命的意义。不管是一次同学聚会,还是独自郊游。他们乐于参加集体活动,愿意为集体尽自己的义务,做好组织和管理工作。他们珍惜自己的学习机会,把学习看作大学生活的主要内容,求知欲望强烈。

(五)能保持健全的人格

心理健康的大学生有健全的人格,人格结构中的气质、能力、性格以及理想、信念、需要、动机、兴趣、价值观等能平衡地发展。心理健康的大学生有独立的生活能力,意志坚定,无论在感情上,还是在实际生活中都较少有依赖心理,自主性强;他们善于在不同的环境下寻找自己感兴趣的事情和事业的生长点,内心充实,很少有孤独感;他们较能接受现实,不轻易产生敌对情绪,对因家境、地域、病患、个人能力与努力等原因导致的各种差异能正确看待。

(六)能有效地调控情绪

心理健康的大学生虽然对自己的学习、生活和工作有一定的紧张感,但从不发生过度的焦虑;遇到困难时,他们能积极应对,勤于思考,有条不紊地寻找解决办法,而不是寝食不安,惶惶不可终日。心理健康的大学生,其愉快乐观、开朗、满意等积极情绪体验总是占优势,虽然也会有悲伤、忧愁、厌恶、愤怒等消极情绪体验,但一般不会维持较长的时间。

(七)心理和行为特点与年龄特征相符

心理和行为特点符合自己的年龄特征是大学生心理健康的表现,如果一个大学生的心理和行为严重偏离其年龄特征,则很可能属于心理不健康的人。大学生一般处在青年中期,精力充沛、勤学好问、反应敏捷、喜欢探讨、有较强的独立活动能力等是其心理健康的特点;而过于老成、过于幼稚、过于依赖,则是心理不健康的表现。

三、大学生心理健康的现状

针对心理健康标准,众多心理健康教育工作者经过调查分析,发现我国大学生存在着程度不同的心理问题和心理障碍,其心理健康状况不容乐观。

（一）大学生心理健康状况不良者比例颇高

从大学生咨询问题的总体情况来看，情绪问题、人际关系问题、学习问题、适应环境问题、恋爱以及就业问题是大学生主要的心理问题，占92.15%。

据调查，心理疾病已成为大学生休学、退学、死亡的主要原因。由心理失调和不平衡所产生的心理障碍，给大学生心理上带来不适应感、焦虑感和压抑感等不良的体验，这些心理体验如长期积累而得不到缓解，就会产生病态心理。而病态心理又会带来生理机能一系列的病变，严重地影响大学生的身心健康和成长，因而必须引起大学们的足够重视。

（二）大学生的情绪问题特别突出

主要原因是当代大学生处于社会转型时期，面临着来自社会、家庭等诸多方面的压力，其年龄和心理特点决定了他们的心理正处于多变的高峰期，情绪、情感体验非常强烈、丰富，往往对那些符合自己信念、理想和观点的事件和行为迅速产生热烈的、肯定的情绪反应，反之则会迅速产生否定的情绪反应，情绪、情感的两极性特别明显。

（三）大学生人际关系问题也很普遍

表现为沟通不良、交往恐怖、人际关系失调、孤独、缺乏社交技巧等。造成这一问题的主要原因是，大学生个性差异及缺乏社会锻炼和经验。在人际交往中往往表现为以自我为中心、自负、目中无人，只强调自己的感受。再加上很多大学生都是第一次住宿，不懂得如何处理与同学之间的矛盾，因此各种各样的人际关系问题成为困扰大学生的主要问题之一。

（四）大学新生的环境适应问题也很突出

新生步入大学，面临着从中学生活到大学生活的急剧转折，由于青年初期独立性的不完全、社会阅历浅、过于理想化等特点，有些大学生明显表现出适应障碍。此外，大学生在就业、恋爱等方面都表现出不同的心理问题。因此，加强大学生心理健康教育工作已迫在眉睫，这不仅关系到大学生个体正常学习、生活与成才，而且还关系到我国人才的总体质量，关系到"科教兴国"战略能否实现，关系到中国综合国力能否有效提高,关系到中华民族的伟大复兴能否实现。

四、影响大学生心理健康的因素

(一)社会因素的影响

社会因素包括自然环境(如星辰运动、气候变化、环境污染、自然灾害等)和社会环境(如政治、经济、文化的发展、社会风尚、习惯、人际关系、生活方式、种族关系等)。它强调外部环境对个体所产生的影响,当然最终还要通过人的心理活动而起作用。

1. 社会紧张性刺激增多增强

人在对社会认识的基础上,对社会的改造和推动也必须符合社会发展的内在规律。如果人不能与社会保持和谐,人的活动不符合社会发展的趋势,人的素质不能满足社会发展的需求,人就不可能顺利地发展。

社会紧张性刺激因素是指人们在顺应社会的过程中,由需要和动机所产生的行为,在通往目标的道路上遇到障碍不能克服,不能正确对待而产生的一种紧张心理状态和不良情绪反应。由于每个人都在具体的社会环境中生活,并为适应环境和社会的要求而不断调节自己的心理和生理功能,调节自己的行为。然而,受社会各方面因素的影响,这种适应性调节有时会发生某种程度的失调,从而引起人们心理上的矛盾和冲突,带来了不良的情绪体验,这种不良的心理体验是作用于人的心身的一种不良的紧张刺激,它影响人体内部的平衡和对环境的适应能力,同时引起高级神经活动机能失调,破坏人体的心理平衡,对健康产生十分不利的影响。[1]

2. 社会—文化关系的急剧变化和发展

社会文化环境是影响人的心理和行为的更为深刻的因素。一般来说,人的心理活动与社会文化因素是一种内在的、本质上协调一致的关系。反应的大小还取决于主体的内部状态,而这个内部状态如何,是由人的认知过程决定的。社会—文化关系是一个不断变化和发展的动态

---

[1] 齐斯文,贺一明,吴迪.大学生心理健康[M].长春:吉林出版集团股份有限公司,2018.

过程。当代大学生处在改革开放的大环境中,使他们在心理上进入困扰激剧的时期,这时,就会出现人与社会—文化关系的失衡情况,导致各种适应不良或心理异常,这样必然会在其心理活动中引起一系列的矛盾冲突。因此,关注自身的心理健康,培养适应现代社会发展的心理素质是时代的命题,对此,社会、学校、家庭和每个大学生都应给予足够的重视。

3. 校园文化氛围中的负性因素

校园文化环境育人的重要作用是不可忽视的,繁重的学习任务及考试与竞争感和压力的并存,使许多学生觉得离群孤独,感到烦躁不安,进而产生敏感多疑,多愁善感的心态。有关资料表明,人际关系紧张是大学生产生精神压力的重要原因。因此人际关系紧张所导致的后果会严重影响人的心理健康。

"一只书包两个碗,三点一线走着转",单调的大学生活缺乏乐趣,感到迷惘、压抑、兴趣减弱。理想和现实的反差对他们的心理健康构成严重的威胁。对大学生来说,适应大学校园生活环境,就能为顺利完成大学阶段的学习打下基础;不适应大学生活,就可能引起心理失衡。

(二)个体心理因素的影响

1. 心理素质脆弱

面对社会紧张性刺激因素的增多增强和社会—文化关系的急剧变化和发展,不少大学生的心理素质不能与之同步发展,因而对困难和挫折的承受能力较低。

2. 人生观的波动模糊

伴随着深刻社会变革和经济发展所导致的经济多元化,生活多样化这一现实,使正处在人生观确立阶段的大学生面临多种价值体系的选择,由此带来了认识上的困惑和心理上的冲突。而人生观的波动模糊易造成认知上的偏差,从而限制了他们的视野。

第三节 大学生心理健康教育

大学生心理健康教育作为高校教育的重要内容,承担着提升社会主义接班人心理健康素养的重任。进入新时代以来,党中央及国家越发重视我国大学生心理健康教育理论和实践质量。其评价体系作为大学生心理健康教育研究的基本要素之一,也是其质量提升的重要风向标和调节器。采用文献研究、比较研究、系统研究等方法展开探索,深入领悟"立德树人"教育理念,立足"新时代视角",对大学生心理健康教育评价展开论述,以期为我国大学生心理健康教育评价的理论基础和体系构建予以补充和完善。

一、大学生心理健康教育的目标

大学生心理健康教育的目标概括起来可以归纳为以下内容。

心理健康教育是一种以传授心理健康知识、建立心理健康行为、优化心理素质、适应社会环境为核心内容的心理素质教育。大学生心理健康教育的总目标是:通过有计划、有目的的心理健康教育和个别行为指导,丰富和增加大学生的心理健康知识,了解健康的价值和意义;增强维护自身健康的自觉性,提高心理健康和预防心理疾病的能力;帮助大学生合理选择健康行为和生活方向,消除或减少影响心理健康的因素;改善大学生心理素质,增进社会适应能力,促进身心健康,改善生活质量。

心理健康与生理健康和疾病的发生有着密切的联系,心情舒畅,情绪稳定者,身体衰老缓慢,患慢性病者少。心理压力大,情绪激动甚至暴怒,易患慢性病和重病。增进心理健康不仅是对自己负责,也是对国家对社会负责。进入高等学校是亿万青少年奋斗的目标,大学生这一高层次群体在社会上有特殊影响,常是青少年模仿的榜样。大学生的不健康行为和不良生活方式,除直接影响自身健康外,还会对社会各方面产生强烈的影响。因此,大学生的心理健康状况直接关系着整个社会发展和社会进步。

二、大学生心理健康教育的意义

随着社会不断发展和进步,世界各国都十分重视对大学生的心理健康教育和心理咨询,这是因为大学生心理健康教育和心理咨询对人的行为和生活方式的影响,对人类健康的作用越来越得到世界各国教育界的认可和社会的认可。在大学生中开展心理健康教育和心理咨询对实现我国社会主义教育方针、树立大学生健康意识和提高心理素质有着十分重要的现实意义和深远的历史意义。

(一)大学生心理健康教育的现实意义

从大学生心理特点看心理健康教育的必要性。心理学的研究表明,人在不同年龄阶段有着不同的心理特征。大学生正处在人生中的四大高峰期:即生理变化高峰,身体发育成熟并已定型;智力高峰,一生中平均智力达到最高水平;需求高峰,包括事业、理想、爱情和衣食住行等社会需要;创造高峰,少保守,倾向变革,追求新事物,富有创造性。这些特征使大学生的自我意识、自我评价、自我控制、自我教育不断强化,说明大学生已经对自己的思想行为和生活方式具有能动的调节作用。通过心理健康教育把这种能动的调节作用引导到正确轨道上显得十分必要。教育学的研究表明,大学生的大脑发育已经完全成熟,是学习、掌握科学文化知识的最佳时期。开展心理健康教育可以学会科学用脑,使大学生的潜能得到充分发挥,使大学生的观察能力、记忆能力、思维能力、想象创造能力和实际操作能力等智力五要素得到协调发展,从而提高学习效率。人才学的研究还表明,心理素质是人才结构的重要组成部分,是人取得各项事业成功的基本素质和内在动力源。开展心理健康教育有助于提高大学生的社会适应能力和应付各种困难挫折的能力,满足社会主义市场经济对人才心理素质的要求。

从当代大学生的心理健康状况看心理健康教育的紧迫性。改革开放以来,我国的国民经济有了飞速发展,人民生活水平有了较大提高,大学生的身体健康状况也有了好转。但根据北京市高校心理咨询研究会连续三年对大学生心理健康的调查统计(使用 UPI 量表),大学生的心理健康状况令人担忧。根据这一调查,北京高校在校生有 15%~30%

存在不同程度的心理问题和心理障碍,精神疾病的发病率在1%以上,自杀率达0.1%以上,[①]严重地影响了高校的教学和生活秩序,迫切需要通过心理健康教育和心理咨询的引导,扼制这种状况的发展,改变和降低当前大学生中发生心理问题和心理疾病的比例。在调查中发现,许多大学生对生理卫生、心理卫生的常识十分贫乏,对生理上和心理上的正常变化缺乏科学的认识,严重地影响了学习效率和生活规律。还有的大学生遇到困难和挫折时,自我保健意识差,不能适时地实施自我保护,调节和控制自己的情绪。更有少数学生陷入宿命论,相信算命、看风水、看手相等迷信方法。这些现象也急需通过心理健康教育和心理咨询加以引导。高校招生分配制度的改革,使大学生的心理受到强烈的冲击和挑战;日益激烈的社会竞争下形成的人才市场和就业市场容易使大学生的就业心理压力加大,产生浮躁、自卑、彷徨等倾向,这些都说明心理健康教育和心理咨询势在必行而且十分紧迫。

开设心理健康教育是落实党中央、国务院和国家教委有关文件的重要措施。《中共中央关于进一步加强和改进学校德育工作的若干意见》中明确指出:"要积极开展青春期卫生教育,通过多种形式对不同年龄层次的学生进行心理健康教育和指导,帮助学生提高心理素质,健全人格,增强承受挫折、适应环境的能力。德育工作者都要深入学生中去,通过谈心、咨询等活动,指导他们处理好在学习、成才、择业、交友、健康、生活等方面遇到的矛盾和问题。"国家教委1993年1号文件也明确提出:"开展心理卫生教育,引导大学生掌握心理健康的基本要求,妥善地处理生活事件和心理压力,提高对挫折的忍受和自我调节的能力,明智地选择心理咨询与心理治疗,正确对待神经症,防止精神失常和自杀行为。"

国家以文件的形式规定开展心理健康教育是德育工作的重要内容,这从根本上改善了德育教育的知识结构,扩大了德育教育的内容和方法,拓宽了德育的途径。这为提高大学生心理健康水平,促进大学生德智体全面发展创造了很好的环境。

(二)大学生心理健康教育深远的战略意义

大学生是我国社会主义现代化事业的建设者和接班人,是建设社会

---

① 桂捷.高校德育与心理健康教育研究[M].沈阳:东北大学出版社,2018.

主义的栋梁之材。如何培养和教育大学生树立起民族的自强、自立、自尊、自信的爱国主义精神；如何培养大学生勤奋学习、刻苦钻研、勇于创新的治学精神；如何指导大学生在伦理道德观念、知识结构、能力、人际关系、心理素质等方面适应社会主义市场经济的要求；如何使大学生正确处理家庭、社会、个人之间出现的矛盾、困难、挫折等，都是教育界和德育工作者需要共同研究和解决的新课题。开展心理健康教育在解决这些课题方面具有深远的战略意义。

第一，开展心理健康教育有助于跨世纪高素质人才的培养。十一届一中全会以来，确立了以经济建设为中心的基本路线，通过拨乱反正，恢复高考，党的教育方针重新得到确立。各高等学校认真贯彻党的教育方针，重视大学生德智体诸方面的发展，大学生的全面素质总体上比过去有了提高。但是，在我国，大学生心理健康教育刚刚起步，许多大学生缺乏必要的心理健康知识，对各种激烈环境和复杂的人际关系的适应能力，存在着不少心理健康问题，心理疾病率有逐年增长的趋势，这引起教育界和德育工作者高度重视，高等学校开始逐渐开设心理健康教育课。当代青年是跨世纪的一代，他们是祖国和人民的希望，老一辈革命家开创的社会主义事业将由他们接过来，传下去。目前的大学生，无论是思想观念上，还是生活方式和行为上，都出现了和他们所承担的光荣使命不相适应的状况，需要通过心理健康教育和心理咨询，帮助大学生树立起全面增进健康的意识，不仅懂得增强身体体魄的健康，而且要增加心理健康的知识，养成良好的生活习惯，纠正不健康的行为，提高适应社会的能力，促进大学生德智体诸方面健康发展，成为"有理想、有道德、有文化、有纪律"的社会主义建设者和接班人，在迎接21世纪新技术革命挑战中大展宏图，为国争光。

第二，开展心理健康教育有助于提高教育质量，有助于改进和加强高等学校的德育工作。我国高等教育的教育方针和教育的根本任务，是按照社会主义经济、政治发展的需要，把大学生培养成德智体全面发展的社会主义事业的建设者和接班人。因此，教育的指导思想、教育的内容都要与之相适应，否则，教育质量的提高就缺乏思想基础。教育质量的优劣与大学生的思想问题有密切关系，而思想问题同心理问题又是相互影响、相互联系的。心理不健康的学生，一般都存在严重的思想问题，影响着学生的学习，导致学习效率不高，学习成绩不佳。如果这样的学生比例上升，整个学校的教育质量就会明显下降。过去，德育工作仅仅重视思想领域中的问题,没有把德育工作的内容从思想领域扩充到心理领域。现在,各方面的研究表明,思想问题和心理问题是不可分的,德育工作重视思想问题就得同时重视心理问题的研究。只有使大学生处在良好的(或最佳的)心理状态,教育质量的提高才有心理和思想的保证。

第三,开展心理健康教育体现党和国家对广大知识分子的关怀和爱护。现在的大学生,十年以后将成为我国各条战线的中坚,关系着祖国的兴衰。他们的心理素质如何,很大程度上决定着我国知识分子在现代化建设中做出贡献的大小。因此,我国政府十分重视知识分子的身心健康。早在中华人民共和国成立初期,周恩来同志就十分重视提高知识分子的生活待遇,关心他们的身心健康。周恩来同志在《关于知识分子问题的报告》一文中指出:"为了使高级知识分子能够把更多精力用于工作,他们的生活待遇应该适当地提高……有些高级知识分子的居住条件太差,……他们的休息娱乐生活也组织得不好。所有的这些问题,都应该由主管的部门认真地加以解决。"中华人民共和国成立几十年来,我国知识分子的生活待遇有了很大提高。但是,有不少知识分子一心扑在事业上,不懂得自我保健,积劳成疾,英年早逝,给国家和党的事业带来巨大损失。有计划、有目的地在大学生中开展心理健康教育,这是对我国宝贵的人才财富的一种最有效的保护。特别在世界高科技竞争日趋激烈,社会对各类人才既要求有健康的体魄,又要求有良好的心理素质的今天,开展大学生心理健康教育就显得特别重要。

第四,开展心理健康教育有利于整个中华民族素质的提高和社会主义精神文明建设。新中国成立后,我国的教育事业在一片废墟中逐步恢复并发展了起来,但毕竟底子薄,教育水平不高,能够进入高等学府的青年学生不多,真所谓千里挑一,万里挑一,因此整个民族的文化素质不高。通过多年的努力,我国高等教育有了突飞猛进的发展,在高等学校里集中了一大批中华的优秀青年,他们思想活跃,勤于思考,求知欲强,渴望成才,少保守,勇于创新,他们的生理、心理素质和社会适应能力如何,关系到祖国的未来。这是因为当代大学生是社会公认的学历层次最高的青年中的榜样,他们的生活习惯和健康行为如何将直接影响着整个青年一代,也将影响着整个社会生活的质量和水平。由此可见,提高大学生对自身心理健康的责任感和自觉性关系到整个中华民族素质的提高。心理健康教育中一个重要内容就是道德健康。任何一种社会形态都需要一整套与其经济基础和社会制度相适应的道德标准和道德观念,用以调整社会成员之间的相互关系,规范人们的言行。

社会主义道德建设是社会主义精神文明建设的重要内容。在大学生中开展心理健康教育,使他们具有较高的道德品质,让讲文明、讲礼貌、讲卫生、热爱集体、遵纪守法、尊敬师长等良好道德风尚在大学校园蔚然成风,必将带动整个社会道德风尚的提高,从而大大地促进我国社会主义精神文明建设。

三、大学生心理健康教育的实施途径

党的十八大报告明确提出:"加强和改进思想政治工作,注重人文关怀和心理疏导,培育自尊自信、理性平和、积极向上的社会心态。"大学生心理健康教育关系到社会的稳定与和谐发展,对实现大学生的全面发展也有很大意义。网络时代条件下,大学生心理健康教育需要多方面的协调努力,这里围绕大学生主体自身、新媒体运用、学校引导等途径探讨培育大学生积极社会心态的有效途径。

(一)理性思考,树立正确价值取向

正确自我意识的建立是大学生价值观确立的基础,它在形成大学生良好的社会心态上至关重要。"自我意识表现为自我概念、自我理想和自我评价的统一"。随着中西方文化交流的不断深入,受西方社会思潮的冲击以及社会转型期带来的矛盾的影响,部分大学生出现自我意识混乱的现象。首先,表现为自我概念不清晰,即对自我的定位模糊,没有形成正确的自我认知。其次,自我理想不明确,受浮躁心态和功利心态等不良的影响,部分大学生对自己所处的环境不能正确认识与评价,加上心理预期与现实差距较大,最终导致自我理想目标的不明确。最后,自我评价不全面。理性思维能力的缺乏,导致部分大学生对自我评价出现两种极端,一种是自以为是、高高在上型,另一种则是自卑、厌世型。因此,要实现积极社会心态的培育,就必须要加强自我意识的教育,实现自我概念、自我理想和自我评价的有机统一,形成客观理性的自我定位和社会预期。第一,对自己要深入剖析,加强反思与自我检查,对自己要形成明确、清晰的自我概念。可以通过写反思日记、自我对话、他人评价等方式进行。第二,要结合自己的实际情况建立合理的职业理想,制订职业生涯规划,树立正确的职业观,不断提升自己的职业能力与素养,

实现自我人生价值。第三,要学会运用理性的、辩证的思考方式看待问题,积极进行自我评价,主动与社会主流价值观保持一致。

(二)调节情绪,形成正确心理认知

随着社会转型的深入,中西方文化的不断融合,大学生的主体意识日趋强烈,其在社会中的独立性逐渐增强,此时,由于部分大学生对现实充满理想化,对社会的认识仅仅停留在表面,缺乏客观理性的思考,对自己又缺乏全面的自我评估和清晰的定位,继而产生一些错误的心理认知,所以,在错误心态的影响下就容易导致情绪化体验和行为,极大地阻碍了积极社会心态的培养。

因此,要引导大学生正确认识自我,建立良好的自我意识,形成正确的心理认知。第一,要加强自我评价与反思,培养理性思维。一方面要经常评价自己的思想与言行,自觉与主流的价值观和社会心态保持一致;另一方面,要定期做自我检查、自我调节与自我监控。当个人的行为与社会所倡导的主流价值观相违背时,应该学会主动摒弃不良的社会心态。第二,善于发现生活中的真善美,防止悲观厌世情绪的发生。随着经济社会的不断发展,它在给我们创造出巨大社会财富的同时,也带来了一些社会问题,如看病难、看病贵、环境污染、食品安全、腐败等。部分大学生由于缺乏对社会的深入理解,容易把这些问题无限制放大,结果难免庸人自扰,引发一系列悲观情绪。因此,我们要引导大学生理性看待这些问题,明白发展才是主流,要善于发现生活中的真善美,学会享受生活,努力调节自己,从而树立积极、健康的社会心态。第三,辩证看待社会发展与问题。辩证的思维态度是形成理性平和、积极健康社会心态的前提。改革开放以来,社会大步向前发展,但社会问题也同时并存。正如习近平总书记指出,我们要保持清醒头脑,既要充分肯定我国经济社会发展取得的成绩,看到我国经济社会发展基本面长期趋好的态势,也要看到国际国内各种不利因素的长期性、复杂性、曲折性,不回避矛盾,不掩盖问题。对待社会发展,既不能狂妄自大,忽视问题,同时也不能夸大问题,忽略发展,这是我们看待事物应有的态度。

总之,大学生要以正确价值观为指引,培养辩证的思维方式,对社会的发展成绩要予以肯定,同时也要以更加包容的心态看待发展中出现的问题,保持乐观,谨慎发表自己的言论。只有这样,大学生才能摒弃过分情绪化、片面、盲目从众等不良心态,培育积极健康的社会心态。

(三)关注网络评论,提升网络监督力

现代网络时代的大发展,推动着新媒体的广泛使用,它在发布和传播信息方面的作用越来越凸显。一方面,通过新媒体可以有效传播社会主流价值观,大力弘扬正能量,它在对培育大学生积极社会心态中起到了正面引导的作用。另一方面,网络世界里也充斥着大量的负面消极信息,腐蚀大学生的思想,容易使他们形成消极的社会心态。因此,在社会转型时期,国家要加强对网络建设的干预与引导。一要加快制定相应法律法规,对于新媒体信息传播的内容、形式和途径等方面进行严格的法律约束和规范,努力推进网络正常秩序的构建。具体来说,首先,建立公共事件的预防机制。政府要强化自身对信息传播以及信息控制的能力,运用现代技术及时掌握舆情动态,特别是要对社会热点事件,与大家利益相关的公共事件的发展态势做出较为准确的预测,及时掌握信息传播控制权,控制舆论走向。其次,建立健全全民舆情引导和监督机制。一个良好的网络环境的营造离不开网民的监督,我们要充分发挥网民在优化网络环境中的作用,完善网民监督机制,对于恶意散布和传播虚假信息,错误引导舆论导向的人员或相应平台要予以严厉制裁,避免不良信息对大学生社会心态产生消极影响。

最后,政府要积极引导大学生正确使用网络,提升对网络信息的辨别能力,学会理性思考,客观发表网络评论,不盲从、不激进,对于那些肆意传播危害社会安全、社会和谐稳定信息的大学生也要给予相应处罚。

(四)弘扬主旋律,提升网络引导力

2013年12月23日,中共中央办公厅印发的《关于培育和践行社会主义核心价值观的意见》指出,"新闻媒体要发挥传播社会主流价值的主渠道作用","建设社会主义核心价值观的网上传播阵地。适应互联网快速发展形势,善于运用网络传播规律,把社会主义核心价值观体现到网络宣传、网络文化、网络服务中,用正面声音和先进文化占领网络阵地。"近年来,网络在传播信息、思想交流等方面的作用日益显著,其快捷、高效的特点已经使得网络成为人们生活中必不可少的一部分。大学生是使用网络的重要受众群体,我们要充分发挥网络媒体的优势,通过网络大力宣传社会主义核心价值观,帮助大学生形成积极社会心态。

首先,我们要继续加快网站建设,特别是新闻网站建设。通过开设新闻专栏、言语评论、热点直击等形式传播社会主义核心价值观,使大学生提高对社会主义核心价值观的认识,自觉主动地接受它对自身的积极影响。其次,大力开发新的网络文化产品。可以以中华优秀传统文化为依托,打造出传统与现代完美结合的新的网络文化产品,引导大学生关注中国的优秀文化与精髓所在,并从中受到熏陶。最后,要加强网络社会监管,推进网络法制建设,对于网络上传播的各种低俗信息要坚决予以打击,对于网络违法犯罪的行为要予以严厉制裁,对于不当的言论要予以引导和规范,净化网络社会风气,防止对大学生积极社会心态的形成造成不良影响。

(五)运用新媒体,提升网络推动力

新媒体的高度发展,加速了信息的传播,促进了人与人、人与社会的交流,极大地改变了人们的生活和学习方式,同时,它还肩负着创造良好舆论环境的重任。因此,我们要营造一个健康和谐的新媒体环境,充分发挥新媒体在培育大学生的积极社会心态方面的作用,提升网络的推动力。[1]

首先,新媒体要树立社会责任意识,主动发挥舆论导向作用。弘扬社会主旋律、传播主流文化是大众传媒的重要功能之一,因此,要把握网络建设的主动权,发挥新媒体资源优势。一方面,积极传播与社会主流价值相统一的正能量,自觉与社会主流价值保持一致。另一方面,对于低俗、负能量的网络信息要及时控制,防止对大学生社会心态的构建带来消极影响。

其次,新媒体要扮演好舆论监督的角色,大力弘扬社会正气。如面对社会上出现的腐败行为、不公平现象,新传媒应该站在广大人民群众的利益之上,敢于揭露不良行为。同时还应该完善对新媒体监督,对于传播不良文化、散播不实信息的行为要坚决打击。对于社会上出现的突发事件,民众关心的社会热点事件要及时引导,实现信息公开,避免消极社会心态的产生。

---

[1] 李正军.高校网络心理健康教育导论[M].南昌:江西高校出版社,2009.

（六）坚守主流价值，建设培育主要阵地

大学生以在校学生为主，他们所生活和学习的校园环境是大学生积极社会心态培育的重要阵地。我们要发挥学校这个小型社会对大学生社会心态培育的作用。

首先，要发挥思想政治理论课的作用。思想政治理论课是高校对学生进行思想政治教育的主要渠道，是社会主义核心价值观教育的重要阵地，它对于提高大学生的思想意识水平，促进自我认知，树立正确价值观念具有重要作用。因此，要做到以下几点，第一，思想政治理论课要以社会主义核心价值观为引领，牢牢把握住大学生的社会心态导向。第二，思想政治理论课要创新教学方法，营造一个轻松愉快的教学环境，为学生搭建一个畅所欲言的平台，并积极引导学生理性地发表网络评论。

其次，要加强校风、教风、学风建设。校风、教风、学风是一所学校的精神文化，是校园文化的核心，良好的校风、教风、学风具有重要的育人价值，对于大学生积极社会心态的形成意义重大。一方面，学校领导者要加强学校管理，及时清除不良的校园风气，营造轻松、自由、和谐的校园人文环境。另一方面，要切实抓好师资队伍建设，不断提高教师的职业能力与素质，对于有违师德的现象要实施处罚。如高校教师科研论文剽窃现象屡见不鲜，学生在这种环境下学习自然会受到影响，不利于积极心态的养成。

最后，要构建良好的师生关系。良好的师生关系是老师和学生顺利交往的前提，在和谐、融洽、民主的师生关系中，学生能够与教师广泛交流思想，就当前社会中的热点事件、公共事件展开讨论，在讨论中教师可以引导学生理性思考，从而形成正确的自我认知和社会认知，为培养积极社会心态、促进心理素质的健康发展起到熏陶、暗示和感染的作用。因此，一方面作为教师要学会尊重学生、关爱学生，树立正确的学生观，深入了解学生，知道学生的身心发展特点，加强与学生沟通与交流，及时了解并掌握学生的思想动向。同时，教师要做到言传身教，对于外界事物要有客观、科学地理解和判断，主动用社会主流价值观去影响学生，提高学生的思想境界。另一方面，作为学生要做到尊师重道，虚心向教师求教，积极与教师沟通想法，做到自觉摒弃消极的思想。

（七）灌输主流思想，倡导正确价值取向

大学生积极社会心态的建立离不开正确思想的指导。社会主义核心价值观是兴国之魂，是构建和谐社会的精神动力，以社会主义核心价值观支撑和引领大学生价值观塑造是多元文化背景下的必然要求，对于培育大学生积极心态具有重要指导作用。

因此，要发挥社会主义核心价值观对大学生心态的导向和激励功能，引导大学生树立正确的国家观、社会观和公民观，使大学生社会心态与社会发展的主流方向相统一。

1. 引导大学生树立正确的国家观

大学生是实现国家富强、民族复兴的中坚力量，作为大学生，应时刻感受到肩负的责任，自觉把国家利益放在第一位，不断提升自己的综合素质水平，不负使命，投身社会主义现代化的建设当中去。同时，对待国家的发展，大学生要持客观的态度，心胸要宽广，要理性看待经济全球化，正确分析我国的国际国内形势，不发布危及国家利益的言论，更不能做损害国家利益的事情，切实维护国家根本利益。

2. 引导大学生树立正确的社会观

这就要求大学生要加强公正、法治意识教育。首先，大学生要树立平等观念。懂得法律面前人人平等，不畏权贵，敢于批判并揭露社会上的不公平现象，同违反社会公平行为作斗争。其次，要加强大学生的法治教育。引导大学生知法、懂法、守法，培养其权利义务相统一的观念，做到正确行使权力，履行应尽义务。最后，加强对大学生的思想道德教育，培育其良好的道德品质，要引导大学生客观地看待经济建设过程中出现的不良现象，做到不夸大，不盲目传播，做有社会责任感的公民。

3. 引导大学生树立正确的公民观

一要理性爱国。激发大学生强烈的爱国主义热情和情怀，自觉把个人价值的实现与国家的发展联系起来。同时要将个人对国家的情感与理性紧密联系起来，正确表达对祖国的爱，不听信谣言，不散播谣言，不能破坏社会的稳定和国家形象。二要在平凡岗位中发光发热。把职业理性与社会理想相结合，自觉通过平凡的工作岗位贡献自己的力量。三

要讲究诚信。诚信是做人的根本,特别是网络虚拟世界的大发展,我们更要保持本真,做到没有依据的消息不发,没有鉴别真假的信息不评。四要为人友善。学会与人和谐相处,相亲相爱。

第二章 大学生适应心理维护研究

大学生从跨入大学校门之日起,就遇上了心理适应问题。他们首先要完成从高中到大学的转折,从心理上求得对大学生活的适应。待到他们适应了大学的学习生活,毕业后走上职业岗位,则是一个更大的转折。许多人对这个转折缺乏应有的心理准备,也不知从何准备起,而这既影响个人的前程,又影响社会的进展。此外,在大学生的生活中,心理适应问题是一个常常使他们感到困惑的问题,许多人的身心在这方面饱受煎熬,以致患病,也贻误了学业。对这个无可回避的人生难题,本章坦诚地提出了建议,希望它对大学生有所帮助。

第一节 适应概述

一、适应的定义

在心理学中,"适应"一般是指有机体对于环境的顺应。适应是个体与环境在相互作用中发生改变的过程。社会适应则是个人与社会环境在相互作用中发生改变的过程。而由于环境的相对稳定性,适应通常表现为个体改变自身去顺应环境条件,从而达到个体与环境之间的一种和谐协调的状态。

不过,个体与环境之间的适应是多种多样的,这与个体的价值观念有关。价值观念不同,就导致不同的价值目标,从而影响到个体的社会适应的形态。因此,对于社会适应的定义是:适应是个人基于一定价值目标通过不断做出身心调整,从而在社会环境中维持一种良好、有效的生活状态,以促进价值目标实现的过程。

由于当今社会价值尺度变动不居,价值取向从单一走向多元,这一点在大学生身上体现得更为明显。因此,必须对大学生的社会适应做一界定。

二、大学生的社会适应

青年期是从青春期向成年的过渡时期。在这一时期中,人的身体发育逐步趋于稳定,人生观和世界观逐渐形成,心理逐渐趋于成熟。但是大学生迅速走向成熟而又未真正完全成熟的过渡期的特征又使他们面临一个由自我意识的分化、矛盾向自我意识的统一转化;由人格的不够完善到逐步完善的转化;由单一的学校生活向复杂的多变的社会生活的转化。因而,大学生的社会适应,既表现为在一定价值目标下通过不断的身心调整来适应社会的过程,也表现为一个价值目标不断变化的过程。或者广义说来,大学生的社会适应表现为一个通过社会适应而进一步社会化的过程。[1]

大学生社会适应中的社会化特征,决定了大学生社会适应心理研究的一个重要内容,即大学生社会适应过程中社会化的规律性和方法性的问题。

大学时期是从青春期向成年的过渡时期。大学生社会适应中的社会化特征,决定了大学生社会适应心理研究的一个重要内容,即大学生社会适应过程中社会化的规律性和方法性的问题。本研究将就此进行探讨。

大学生在社会适应过程中会产生一系列心理问题,现分述如下。

(一)大学生社会适应心理研究的目标

对于社会适应心理的研究,可以从各种不同的角度来展开,这些角度都与大学生社会的适应心理有关。

社会适应心理研究可以分为两个方面。一是规律性探讨。这又可以分为三个方面,即社会适应心理一般规律的探讨;大学生社会适应心理规律的探讨;大学生社会适应心理的探讨。这三个方面的研究既有共性,又有特性。因此,既可以从共通性方面进行讨论,也可以从特殊

---

[1] 胡剑虹.大学生心理适应与发展[M].苏州:苏州大学出版社,2009.

性方面进行讨论。本研究对于上述两个方面都将加以探讨。但也有侧重点。本研究的目标是：在综合国内外学者关于大学生社会适应心理规律研究成果的基础上，着重讨论大学生社会适应心理调节的途径与方法，特别是侧重于大学生在即将进入社会或刚刚进入社会时的社会适应心理调节的途径与方法的探讨。当然，由于社会适应心理调节的途径与方法的共通性，这种探讨对于一般大学生甚至社会的其他人都是具有应用价值的。

（二）大学生社会适应心理研究的重点

大学生社会适应心理调节的途径和方法也涉及许多方面。

首先，大学生社会适应中的社会化特征，决定了本研究所要讨论的一个重要内容，即大学生在社会适应中如何完善人格的问题。其次，大学生作为一个即将进入社会或刚刚进入社会的群体，他们面临的一个首要问题是各种新的社会角色的扮演。这就出现了一个社会角色的适应问题。而大学生作为一个社会角色参与社会之中，经常遇到的是与成人打交道，如何处理好人际关系的问题。这种由社会角色改变所致的人际适应心理调节，是本研究要讨论的主要内容。第三，大学生在进入社会后，不仅仅意味着成功，而且常常要遭受各种挫折和失败。能否提高适应能力，有效战胜挫折，对于大学生的成长具有重要意义，本研究亦将进行重点讨论。

无论是大学生的人际适应还是挫折心理适应，其最终都是以大学生的人格完善为归宿的。因此，本研究最终落脚到通过帮助大学生在社会适应中进行心理调节以促进大学生人格的完善，使之成为一个社会所需要的，身心健康的，有较强社会适应能力的人这样一个根本目标之上。

第二节 大学生常见的适应心理问题

一、大学生入学适应不良的表现

近年来，由于市场经济的冲击，高等教育收费与毕业分配制度的改革，大学生的经济负担和心理压力日益增大，因适应不良而引起的焦虑、抑郁和自卑等心理问题凸显且令人担忧。[①]

(一)地位变化产生的自卑心理

这类问题在大学新生中是比较常见的。环境的变化引起大学生对自我认识的变化。大学是人才荟萃之地,能考上大学的学生多数是当地中学的优秀学生,这些学生总是被老师的称赞、家长的鼓励、同学的羡慕所萦绕着。所以,一般情况下,他们总是自我感觉良好。但是到了大学,各地的出类拔萃的学生汇集在一起,昔日小河竞舟的佼佼者,而今在大学这条大江中若不奋力拼搏,就会有落后、沉没的危险。

(二)怀旧依赖带来的孤独心理

这类问题主要发生在大一新生中。新生入学首先面临的是生活环境的变化。大学新生大多数都是第一次离开父母来到他乡,在人生地不熟的新环境里独立生活。在上大学前,不少学生没有远离过家门,饮食起居多由父母包办,形成了较强的依赖心理。而进入大学后,失去了往日家庭的特殊照顾,事事都要自己安排,这对于缺乏独立生活能力的学生来说是一个很大的变迁。依赖性与独立性的反差和矛盾造成他们对原来生活方式无比依恋,对新生活方式难以适应。这些情绪的长期影响会诱发认知水平下降、习惯性无助、自我意识障碍等心理问题。

(三)期望过高引起的失落心理

每个年轻人都有远大抱负,都对未来充满着希望与幻想。大学生常常按照自己的理想来规划学习、择业、恋爱等。然而,生活的现实性与复杂性常常使他们烦恼困惑。进入大学,经过短暂的兴奋期之后,却发现现实中的大学并非想象的那么完美,且存在着许多不尽如人意之处。有的同学感到所考上的大学与梦想的大学相去甚远,或许是招生时因"服从"而被"抓"来的。这些理想与现实的落差,感到前途渺茫、困惑失望,形成失落心理。

---

① 胡剑虹.大学生心理适应与发展[M].苏州:苏州大学出版社,2009.

(四)性生理的不断成熟带来的困惑心理

大学生生理和心理发展已进入了性生理成熟和性心理趋向成熟的阶段,感情处于冲动期,随之而来的恋爱和性问题是大学生发展过程中的一个重要问题。在恋爱问题上,绝大多数大学生都能够遵守正常的人际交往道德和行为规范,然而也有少部分大学生在恋爱过程中表现出一些心理问题,有时难以把握住自己的情感,易冲动与好走极端。不良的心理表现包括对于自身性特征、性发育的过分关注与忧患;对每位大学生来说,大学是一个与过去的中小学有重大不同的场所,如果不能及时进行调节,不仅会影响大学生的学习进步,而且有可能使他们发展到心理不健康状态甚至变态。因此,大学生应该具备这方面的知识及自我调节的能力。

二、大学生学习适应不良的表现

大学生学习适应不良主要表现在学习动机缺乏、考试焦虑、学习方法不当三方面。

(一)学习动机缺乏

我们经常看到这样的现象,一些中学时勤奋刻苦的学生在进大学后,整个人便松懈下来,躺在"60分万岁"的旗帜下无所事事;有的人也想把学习搞好,但又总提不起劲,拿起书便觉得厌倦。这便是学习动机缺乏。

(二)考试焦虑

(1)过度考试焦虑易分散注意力,干扰回忆过程,阻碍思维过程,造成考试能力的下降。

(2)过度考试焦虑对心理健康的危害。这使人情绪难以稳定,终日焦躁不安,或郁郁不乐,严重者还会走上自伤的道路。

(3)过度考试焦虑对身体健康的危害,形成多种类型的神经症精神疾病。另外,易导致如冠心病、胃溃疡、胃炎、甲状腺功能亢进等心身疾病。

（三）学习方法不当

（1）学习无计划。看什么，做什么，学什么，心中无数，整天忙于被动应付作业和考试，缺乏主动的计划安排。

（2）不会科学利用时间。总是加班加点却忙不到点上，效果不佳，或平时不抓紧，临考试手忙脚乱。

（3）不求甚解，死记硬背。

（4）不能形成知识结构，没有使所学知识形成有序的框架结构，形成系统化。

（5）不会听课。课前不预习，课上开小差，不记笔记，或充当录音机角色，全记上，课后不及时复习总结。

（6）不会阅读。不善于选择阅读书目，无阅读重点，无阅读方法。

（7）抓不住学习上的重点和难点。

（8）不善于把理论与实践相结合，不会学以致用。

（9）不善于科学用脑，不注意劳逸结合。

三、大学生社交适应不良的表现

社交是人们在日常生活及社会实践中互相交流思想感情、意见的过程，是人与人互相接触、进行精神与物质沟通的过程，也可以说是交换信息的过程。社交障碍主要是指在社会生活中，人际关系适应能力低下，人际交流困难，属于心理不健康的表现，但尚未发展到心理疾病。

社交适应不良是当前大学生经常出现的问题，但大多数是轻度的障碍。轻度社交障碍是社会适应水平低下的表现，不能视为心理障碍，只有严重的社交障碍者才属于本型心理缺陷。[①]

大学生社交适应不良主要表现在以下几方面。

（1）缺乏人与人之间接触交谈等主动交流的心理能力。在人前面红耳赤、目光紧张、心跳加快、讲话吞吞吐吐，难以自我控制等。

（2）通常他们的性格表现为内向、文静、胆小、多虑、不合群。

（3）智力不低，工作和学习能力并不减退，有时还超过一般人。除了社交和情感障碍外，无其他心理行为异常表现，不影响一般生活

---

① 肖旭.青年社会适应心理研究[M].成都：成都科技大学出版社，1998.

能力。

（4）社交适应不良的学生有些是从小性格内向，缺少交往，不善交际，以至对社交顾虑重重，常怀有胆怯心理。这些问题都是后天形成的，也是可以改变的。

四、大学生性心理适应不良与调节

（一）性意识的困扰与消除

性意识是指对两性间性生理、性心理和性角色的差异的认识及其反映。在青少年时期常见的性意识活动有被异性吸引、性幻想和性梦等。这些性意识活动多发生在爱慕期这个阶段，均属正常，但下列原因却常可导致性意识的困扰。

（1）性罪恶观念。由于多数学生未受过系统的性科学教育，受陈旧性观念的影响，对自己出现性的想法感到害怕和羞愧，认为自己是"下流"的。

（2）性压抑。随着性意识的发展，异性之间产生强烈的吸引，本应通过适当的异性交往来满足爱慕期的渴求。如果这时人为地压抑自己的合理需要，由于内心的自责、焦虑、紧张、矛盾、困惑，结果反而适得其反，造成心理的失调。

（3）严重的情绪障碍。发生性意识困扰的学生，多不能与他人自然和谐地相处，易陷入自卑、抑郁、焦虑、烦恼的消极情绪的怪圈中，难以自拔，因而易诱发各种心理疾患。

性意识的困扰会引起不同程度的心理冲突，少部分性困扰严重的学生会陷入焦虑、矛盾、困惑和苦闷之中。保证性心理的健康发展，消除性意识的困扰，就要正确看待性意识活动，树立科学与健康的性意识观念。通过学习性生理、性心理的有关知识，了解青春期性意识发展的规律。

（二）手淫的困扰及摆脱

手淫是性自慰的一种，是在性冲动时，通过自我抚弄及刺激性器官以获得性快感和达到自我性满足的行为。大学生因性成熟而产生性兴奋，在一定的条件下引起性本能活动，这是一种正常的现象。因好奇心或为了强化性快感而发生手淫，这也是常见的现象，不值得大惊小怪。

但是一些有手淫经历的大学生,由于性知识的缺乏或受传统偏见的影响,盲目地陷入惶恐不安的状态。有的感到羞耻,有的担心对身体造成严重损害,有的自卑、自责等。特别是那些频繁手淫不能自制者,心理负担更为严重,在十分矛盾的心理状态下,表现出神情恍惚、心神不宁、学习成绩下降、工作效率低下,如着了魔似的,有的甚至企图自杀。由上可知,大学生的手淫问题,不在于出现率的高低,关键在于对手淫的认识和习惯问题,因此,应重点从以下几方面进行纠正。

(1)正确认识手淫本质,不必为此自我谴责,但要自控,不能放纵。

(2)要将自己的注意力和主要精力投入学习、工作和自我追求、自我完善之中。采用转移、升华、自控等合理方式对待自己的性意识。

(3)经常参加有益身心的文化活动,分散和安排充沛的精力。客观上减少不良性刺激的机会。

(三)性变态与治疗

性变态,又称"性病态人格"。是指性冲动障碍和性对象扭曲的心理变态现象。其形式很多,包括:同性恋、恋物癖、易装癖、露阴癖、窥阴癖和易性癖等。性变态已经不属于心理适应不良的范畴,而是一种严重的心理疾病,在大学生中发生也不多。然而,作为大学生,了解一下这方面情况也是有必要的。

1. 恋物癖和异装癖

异装癖可视为恋物癖的一种特殊情况。男性同性恋者中也有着女装的,但这种人男扮女装是为了吸引同性恋伴侣,着装本身不引起性兴奋。

恋物癖者为了取得他们的目的物,有时不惜用非法手段如偷窃等去获得,因此常会受到逮捕和处罚,但往往在处罚过后又会重犯。对这种人最好用心理治疗给予解释和教育,帮助其树立信心。

2. 露阴癖和窥阴癖

露阴癖又叫暴露癖。患者有在陌生异性前暴露生殖器的强烈欲望,反复伺机作出这种行为,同时伴有性兴奋。患者几乎全是男性,他们常在与陌生女性相遇时突然露出阴茎,有的随即进行手淫,有的在当时或事后进行手淫。患者的这种欲望常不能自制,勉强抑制则产生极明显的焦虑,所以常因屡犯而遭抓获。

关于露阴癖形成的原因较为复杂。原先是正常的人,有时在严重的精神创伤或受个人失败的打击以后,也会发生露阴癖。但通常慢性发生的露阴癖者则往往是有严重人格障碍的人。有人认为露阴癖是人格发展不成熟的表现,是一种幼稚行为,因为在幼儿时期男孩显露生殖器并不被禁止,但到了成年仍有此行为就不正常了。因此采用认知领悟法领悟到这点是治疗的第一步。又因为露阴癖者的性格过于羞涩,在社会生活中缺乏与异性交往的机会和能力,因而创造交往机会,进行社交技巧训练是彻底治疗露阴癖的第二步。

3. 易性癖

对易性癖的治疗除了极少数人可以通过厌恶条件反射技术进行性别再定向的培训而获得矫正之外,多数患者只能采取一种消极手段,就是施行变性手术。这种手术可以在外形上改造一个人的性别面貌,但不能改变第一性征:男变女后不可能有月经,更不能怀孕;女变男后不可能射精。但心理上能部分满足换性欲望,减轻痛苦程度。

由于各种原因,个体心理不适应会进一步发展到比较严重的心理问题,包括严重的人格障碍、神经官能症、精神分裂症、躁狂抑郁症、反应性精神病等,一旦发展到这种程度,依靠个人的自我调节已经不易好转了,应该请专业人员进行治疗。在此要说明的是,大学生中患心理疾病并不多,但作为大学生,掌握有关这方面的基础知识也是有必要的。

五、大学生人格障碍疾病与治疗

(一)人格障碍的特征

人格(个性)作为个体与他人相区别的特质,其优劣的关键在于它是否与环境社会相适应。如果某人不能在环境发生变化时作出相应的行为修正,即这个人对环境呈持续的、无弹性的不适应反应,那么就称之为具有人格障碍。

人格障碍是指不伴有精神症状的人格适应缺陷,是行为性的、或表现于外的障碍,它的行为倾向于组成对自己、对社会都不允许的、不得体的行为形式。不过,人格障碍不是精神病,也不是神经官能症,因为它缺乏起病、发病日期、病程、转归等作为疾病所共有的特征,没有像精神病人那样脱离现实的分裂现象,也不像神经症病人那样为自己的障碍模式而痛苦焦虑。实际上,人格障碍与正常之间难以划出一条明显的界线,偶然与之接触不能发现其问题。

人格障碍的病因还不十分清楚,但各类人格障碍的共同特征却是公认的。具体如下。

(1)一般始于儿童或青少年期,稳定延续至成年期。

(2)无神经系统的病理性变化,可能是功能上的障碍。

(3)他们把自己所遇到的任何困难都归咎于命运或别人的错处,因而他们不能感觉到自己的缺点和自己有什么需要改正的。

(4)难以纠正。

(二)人格障碍的类型及调节

人格障碍的分类主要还是从描述性行为特点来划分的。

1. 偏执型人格障碍

此类人极度的感觉过敏,思想、行动固执死板,坚持毫无根据的怀疑;对别人特别嫉妒,而又非常羡慕;对自己过分关心,而又无端夸张自己的重要性;把由于自己的错误或不慎产生的后果归咎于他人,不停地责备和加罪于人;总是过多过高地要求他人,但从来不信任别人的动机和意愿,认为别人存心不良。

其治疗方法主要可采取认知改造法,首先在情感交流和相互信任基础上,向其介绍性格缺陷的特点、表现、危害性和纠治方法;用科学的心理测定方法让他明确自己的心理障碍。提高信任度,具备充分的自知之明和自觉改变不良性格的态度,是进行心理训练的成功基础,也是接受教育的先决条件。

2. 分裂型人格障碍

此类人行为怪癖而偏执,为人孤独而退隐;对人对事缺乏起码的温和与柔肠;有明显的社会化障碍,几乎没有朋友、没有社会往来,别人对他的批评或鼓励毫无感觉;有强烈的我向性思维,但一般还能认知现实;繁多的白日梦,但一般与实际不脱节;他们在表达攻击和仇恨上显得无力,在面对紧张和遇到灾难时,又是超然、满不在乎的。

治疗方法如下。

（1）社交训练法：旨在纠正孤独离群的性格缺陷。通常制订社交训练评分表，每日训练。定期与一位朋友作为接触交谈对象，每次要求主动交谈5分钟，内容、方式不限，逐渐达到主动、自然和较为融洽随和的程度；进而逐渐增加交谈的时间和接触的人群；最后要求与社会各种人群主动社交。训练时要有评分记录、奖励强化措施，以巩固疗效。

（2）兴趣培养法：兴趣是一个人积极探究某种事物和给予优先注意的认识倾向，同时具有向往的良好情感，因此兴趣培养训练有助于克服情感淡漠和兴趣索然的不良心理状态。应参加多种适合自己心愿的兴趣活动，并持之以恒。

3. 戏剧型人格障碍

这种人具有浓厚而强烈的情绪反应，行为特点是自吹自擂、装腔作势，喜欢引起他人的注意和关心；爱虚荣、爱有兴奋的事情发生；常把自己的感觉和情感加以夸张，从而加深他人对自己的影响；善变、爱挑逗；要求于人多，内心真情少；自我中心，依赖性大，常需别人的保证和支持，有时也善于玩弄或威胁他人。

治疗方法如下。

（1）情绪调整法：戏剧型人格的情绪表达太过分，旁人常无法接受，所以具有此人格的人要改变这种情况，首先要做的是在每一次过分的情绪表露之后，问一问自己的朋友，请他们作一番诚恳的评价，以便知道自己情绪表达过火之处，督促自己在以后的情绪表达上注意控制，尽量更得体些。

（2）升华法：不少演员身上都有戏剧型人格的影子，戏剧型人格的人投身于表演艺术，把特有的自我表现欲升华，是一条很有效的自我拯救与自我完善之路。

4. 自恋型人格障碍

此类人过分地自我关心、自我中心和自夸自尊；常幻想自己了不起、有才学、有美貌，期待别人的欣赏；总希望有人特别对待自己，不能接受别人的建议和批评；以极端的眼光看人，不是说得很好，就是一无是处；很难理解别人的苦处和难处。

治疗方法如下。

（1）解除自我中心观：自恋型人格的最主要特征是自我中心，而人一生中哪一阶段最为以自我中心呢？是婴儿时期。由此可见，自恋型人格者的行为实际上退化到了婴儿期。明白了自己的行为是童年幼稚行为的翻版后，必须常常自我告诫：我已是成人，应以成人的行为方式行动，应抛弃自我中心。

（2）爱的艺术：对于自恋型的人来说，光抛弃自我中心主义还是不够的。还必须学会去爱别人。生活中最简单的爱的行动便是关心别人，尤其是别人需要你帮助的时候。只要你在生活中多一个爱他人的心眼，你的自恋症便会自然减轻。

5. 反社会人格障碍

亦称精神病态或社会病态。主要特征是时常做出不符合社会要求的行为，妨碍公众，不负责任，撒谎、欺骗、伤害他人习以为常；在做了违法乱纪的行为后，既缺乏内疚、罪责感，也无羞耻之心；他们的自尊心强，有自我中心的特点，虽然有明显的人格障碍但不能自知；情感浅薄而冷酷无情，好像对任何人或任何事都不爱恋也不忠实，把一切责任归于他人，而对自己总有很多理由来辩护；他们的智力一般是正常或较高的，不少人表现得友好、诚恳、懂事、有见识，能够赢得别人的好感和信任。在一个社会集团中他们人数极少，但危害极大。

精神病态发展的最重要、最关键的因素是社会化问题，那么矫正反社会行为也需要花费巨大力量重建他们的社会和心理环境。我国的经验证明，把伤残的心灵浸润于热情的关怀与照顾之下，使其荡涤于集体暖流之中，训练他们做出有益于社会的事业，教给他们尊重他人也尊重自己，爱他人也爱自己，培养他们健全的自我同一性和情感移入的心理状态，是可以改变反社会行为的。

6. 边缘型人格障碍

此类人以反复无常的心境变更和行为不稳定为主要特点。他们的挫折阈限很低，时而大发脾气、或忧闷而感到空虚，时而恢复正常；他们常做出一些冲动性的、无法预料的破坏行为，如偷窃、赌博、施行暴力、乱花钱、乱搞男女关系等。他们的不少行为犹如精神病急性发作，边缘型名称也由此而来。

边缘型人格者最主要的特点是心理上有激烈的矛盾冲突,表现在行为上便是忽左忽右、极不稳定。按格式塔心理疗法的观点,这种人格是由于格式塔(完整的、有意义的心理组织)存在较大的裂缝所致。自我一体化,就是要使人格这个大格式塔的裂缝逐步消除。主要方法是抓住生活中感到特别愉悦的时刻,然后陶醉其中,静心体验完整的自我意识状态。

7. 回避型人格障碍

这种人心理自卑,行为退缩。面对挑战采取逃避态度或无能应付;想与人来往,又怕被人拒绝、嫌弃;想得到别人的关心与体贴,又害羞不敢亲近。与分裂型人格障碍不同:他们并不安于或欣赏自己的孤独,不与人来往并非出于自己的心愿。他们被迫应用众多的防御机制。

回避型人格最主要的特点是心理自卑,因此增强自信法是主要的调节方法。可以运用三种技巧,即运动训练、精研特技、自我恭维技巧来调节。运动训练是通过体育锻炼来获取自信,同时也增强了体质;精研特技,是认真审视自己的能力,找出最适合于自己的方向去钻研,使自己因一技之长而获得人们的赞誉,从而建立自信;自我恭维是努力总结自己明显的优点,写在卡片上,随时作积极的自我暗示。

8. 依赖型人格障碍

这种人极度地依赖他人。他们虽然有较好的工作能力,但由于缺乏自信,自觉难以独立,不时地需要别人的帮助,他们不果断,也缺乏判断力,总是依靠别人为自己作出决策或指出方向。

治疗方法如下。

(1)习惯纠正法:依赖型人格的依赖行为已成为习惯,治疗首先必须破除这种不良习惯,简单的方法是找一个自己最依赖的人作监督者,订立协议,逐步减少监督者的帮助,自己独立作出决定或行动。

(2)重建自信法:从根本上矫治依赖型人格。第一步消除童年不良印迹,把童年期引起自卑的言语仔细整理出来,然后一条一条加以改造;第二步重建勇气,可以选择一些略带冒险性的事去做,每周做一项,以增加勇气。

9.强迫型人格障碍

此类人主要特征是强烈的自制和自我束缚。他们过分注意自己的行为是否正确、举止是否恰当,因此表现特别死板、缺乏任何灵活性。他们对任何事情都谨小慎微,顾虑多端,怕犯错误;还要求别人根据自己的思想方式和习惯行事,妨碍他人的自由。

治疗方法如下。

理性观念调节法:采用此法的关键是找出强迫型人格者自己来自童年的非理性观念,如"我不允许有任何问题得不到解决"等,改变这些观念可以用强制式的方法硬性执行,自主意识就能起作用了。也可以就这些非理性观念与他人争辩、讨论来加以破除。在理清了非理性观念之后,还必须学会合理的情绪宣泄与交流方法。可以通过交友来改变自己的情感能力,可以多参加一些社交活动,参加一些新奇有趣的探险,这些都有助于改善呆板的思维方式。

第三节 大学生心理适应问题的原因剖析

大学生适应不良主要表现为自卑与自傲并存;放松与紧张交替;孤独与恋群交织;求知与厌学同在;空虚与恐惧交错;自立与依赖相随;希望与失望相伴。究其原因,主要有以下几个方面。

一、角色地位的改变

大学时期正是自我概念迅速发展的时期,是真正认识自我的时期。进入大学就意味着一种独立,周围人会用看成人的眼光来看大学生,对大学生生活的独立性、社会的责任感都提出了更高的要求。但是,由于大学生有限的生活阅历,大学生活与社会又存在着一定的距离,因此大学生对事物的认识表现出一定的片面性和幼稚性。这种不足与大学生极强的自我概念不协调。因此,大学生常常会沉思和反省自己,对自我进行不断的肯定和否定,常常生活在动荡不宁的心灵世界中,难以确立自我形象和接纳自我,因而引起心理上的不适应。

二、生活环境的变化

进入大学,绝大多数大学生都是背井离乡到一个新的城市开始独立生活,许多事情都必须独立面对与解决,衣、食、住、行、学等问题,都得自己安排。从生活方式来看,中学期间大多住在家里,拥有独立的生活空间,父母照料饮食起居。而到了大学,失去了独立的房间,取而代之的是集体宿舍、食堂。宿舍是学生们起居、互访和生活的场所,也是最容易发生摩擦的地方,因为大家来自五湖四海,兴趣爱好、生活习惯各不相同,对于很多方面的差异的适应需要一个过程。

三、人际关系的变化

离开了父母以及中学时代的老师、同学,面对的是来自不同地域、不同家庭,生活方式、价值观都有一定差异的同学,人际关系不再那么单纯。复杂的交往环境,决定了大学生不能凭个人的好恶决定与谁交往,而要学会与各种人打交道。

四、管理制度上的变化

管理制度上的变化主要体现在教学管理、管理方法和管理系统方面。从教学管理来看,中学时代采取学年制,必须读完规定的学年,修完所有课程,才能毕业;而大学则实行学分制,学生不受学年限制,根据自身情况,可以提前修完学分提早毕业,亦可延长学习时限。从管理方法来看,中学阶段学生受学校、教师、家长直接管理,事事由教师安排,受家长监督;而大学则更多强调学生的自我管理、自我教育、自我服务、自我约束,许多活动由学生自己组织。从管理系统来看,中学的管理主要通过班主任实施,而大学的管理属于全面管理,学校的各个职能部门都直接参与学生管理。

总之,面对新环境中众多的因素,几乎每个大学生都面临一个重新评价自己和他人,重新确立自我观念的过程。如果对此缺乏了解和心理准备,往往会在适应过程中出现这样或那样的问题。①

第四节 维护大学生的适应心理

一、改善适应不良的训练策略

从中学生成长为大学生,心理、环境的变化与矛盾往往相互作用,形成动荡的心理状态,虽然是短暂的,但其负面的影响是不可忽视的。如果不能及时解决,会留下"后遗症"。学会控制自己的心理,学会积极地适应现实环境,加速新的、积极的心理状态的形成,应从以下几个方面做起。

(一)增强自我调节能力

处于大学时期的大学生,由于内、外因素的共同作用,各种心理冲突便不可避免。这就需要大学生增强自我调节能力,力求在一定的环境变化中求得内心状态的稳定。应理性地认知问题并进行有效的调节。

(1)合理宣泄。指在情绪处于消极、压抑状态时,采取合理的方式予以排解,以恢复正常的情绪状态。如找人倾诉、写日记排解、畅快地哭一场、在无人处大声喊叫以及参加体育运动等。

(2)转移。指在遇到不愉快的事情或心情烦闷时,有意识地把情绪转移到可以替代的事情上去,做自己感兴趣的事,如看电影、听音乐等。

(3)积极的自我暗示。指在消极的情绪出现时,肯定自己的能力,自我激励,自我支持,发挥潜能,走出困境。积极的自我暗示常常是调节情绪,导引自己走向成功的催化剂。

(二)准备、应变,积极适应新环境

大学生都生活在具体的环境中并受其影响,这些环境包括自然环境、学习环境、人际环境。面对同学之间、师生之间的人际关系,大学生首先要调整自己的心态,认识到每个人都有自己的权利,当别人对自己

---

① 郭亨杰.大学生适应心理指导[M].北京:高等教育出版社,1992.

的生活构成威胁时要懂得维护自己的权益,同时也要注意语气平和、给对方留有余地,以利于大家可以相互及时调整。其次,要学习一些基本的人际沟通技巧,增加沟通的成功率。

大学的课程设置,不再像中学那样有严格的课程安排,大学生可以自由支配的时间相对充裕。但大学生依然是学生,学习仍然是第一要务,绝不可以将时间过度地消耗在娱乐休闲上。

(三)调整生活方式

生活方式对人的身心健康的影响已经越来越引起人们的普遍重视。生活习惯是生活方式的集中体现,是由于重复而巩固下来成为习惯的行为方式。人的生活习惯包括饮食习惯、起居习惯、娱乐休闲习惯、学习习惯等。良好的习惯可以使人精力充沛、精神焕发、朝气蓬勃;不良的生活习惯会造成对人身心两方面的危害。

通过观察大学生的日常生活,可以发现,大学生中一些不健康的生活习惯比较严重,最普遍的有睡觉不规律、运动不足、饮食不当。有些大学生生活没有规律,晚上熬夜不睡,早晨赖在床上不起,上课不准时,经常迟到早退,不能合理安排学习、休息、娱乐的时间,生活无计划,想到哪里就做到哪里。

生活长期没有规律,不仅影响学习,而且容易使身心受损。大学生的体育运动不足,一方面是认识上的问题,错误地认为自己年轻、身体好,能吃能睡,用不着花时间锻炼;也有的大学生认为锻炼是浪费时间,舍不得花时间去锻炼。更主要的一个方面是主观意志的问题,有些学生知道锻炼对于身体的好处,也想进行锻炼,但经常借口说学习任务重、社会工作多,无暇锻炼。缺乏体育锻炼会导致躯体乏力、精神不振。饮食是维持人体生理与心理功能正常的必要条件,但是大学生中饮食不当是比较普遍的现象。由于作息没有规律,早上睡懒觉等原因,部分大学生经常不吃早饭或胡乱对付;用餐不规律,不按时吃饭,经常错过正常的用餐时间,往往用方便面等食品来替代,或是想吃就多吃,不想吃就不吃。不良的饮食习惯容易造成营养不良,身体消瘦,严重者可能导致消化功能障碍。

生活习惯与人的身心健康有着极为密切的关系。养成良好的生活习惯会使人受益终身。大学生正处在成长期,具有一定的可塑性,完全可以通过主观努力与实际行动摆脱不良的生活习惯,养成良好的习惯。

（四）自我调节，求助咨询

1. 藐视困难

一个人站在游泳池旁边，用脚趾头试了一下水："太冷了！不能下去。"于是缩回了脚。这时他的同伴却已跳下去，并冲他喊："来吧，一点儿事也没有！"他鼓起勇气跳下去。果然，不一会儿，他就在水中愉快地游起来。在这里，藐视过去积存在头脑中的畏缩习惯，藐视冰冷的水，这样，便不会对他产生过分不良刺激。

日本心理学家森田在读大学时，他所患的神经衰弱对学习和生活造成很大影响，因此他的情绪非常低落。有段时间正巧家里很久都没有给他寄生活费了，这激发他奋力一搏，拼命读书学习，不去管什么神经衰弱。结果在不知不觉中，他的病症消失了。后来，森田根据自己这段经历，发明了森田疗法，即不去注意自己的消极心理，而去做自己应当做的事情，在这个过程中，不良心理问题会慢慢消退。

心理学家弗兰克年轻时说话结巴，有一次坐公共汽车，忘记买票。他担心被认为是故意逃票而罚款，所以希望以结巴来证明自己是残疾人，从而可以不买票。但这一次，尽管他极力表现自己以前结巴的样子，却无法做到，反而很流利地说出话来了，无意中治好了自己的结巴。并由此发现了改变不良情绪的方法：极力夸大自己的不良情绪，因为做不到，反而平息了原有的不良情绪。

著名英国滑稽演员 M.斯图尔特，年轻时有羞怯的毛病，与人谈话支支吾吾，极为胆怯，甚至不敢向行人问路，向公共汽车售票员打听是否快到站。为此，斯图尔特吃尽了苦头。后来他终于找到了办法：同陌生人谈话时，自己就装扮成另一个显赫的重要人物，用同这个人物身份一致的语调说话，这使他受益匪浅。不久，拘谨、羞怯的毛病在交际中不再出现了。

2. 坚定信念与动机

世界变动太快，许多人难以适应。有心理学家认为，许多心理与情绪疾病事实上只是失落感、空虚感在作祟。想法寻回生命的意义和使命，以去除内心的空虚。凡是心中秉持恒久不变真理的人，才能屹立于动荡的环境中。信念是理智而非感情用事，能助人披荆斩棘，克服人性弱点，教人处顺境而不迷失方向。信念令人冷静发挥智慧，正确判断；使人不为外力所动，勇往直前。因为一个人的应变能力取决于其对自我、目标以及价值观的不变信念。

"懂得为何，迎接任何。"追根究底，其实不是你询问生命的意义何在，而是生命正提出质疑，要求你回答存在的意义为何。换言之，人必须对自己的生命负责。

学习、工作等活动效率与动机强度有密切的关系。动机很低，对活动持漠然态度，则效率低下。然而当动机过强时，个体处于高度的紧张状态，其注意和知觉的范围变得过于狭窄，反而限制了正常活动，从而使活动效率降低。动机最佳水平因活动性质不同而不同。在比较容易的活动中，效率有随动机提高而上升的趋势；而在比较困难的活动中，动机最佳水平有逐渐下降的趋势。

二、学习障碍的调节

学习障碍的调节方法有增强学习动机、克服考试焦虑、掌握科学方法三种，现分述如下。

（一）增强学习动机

1. 明确学习意义

多参加一些社会实践活动，了解国情、民情，了解本专业的贡献，并在实践中运用知识，发现问题，这样才会增强学习动机。此外，可通过查阅资料，找出自己所学专业与社会需要的关系，逐一记录，整理成"专业知识动机表"，经常翻阅，以强化学习动机。

2. 培养学科兴趣

首先明确这一学科的社会意义和专业意义，认识它对自己的专业学习、品行修养等的影响；其次，要带着问题去学。抓住本学科中一些无定论的、有争议的问题，多方搜集资料，独立思考，提出自己的看法，这常常使你对专业产生强烈兴趣。

3. 建立课程学习目标

可以用表格的形式设置如下栏目：课程名称、性质、学时、主要内容、知识学习的目标、技巧方面的目标、能力培养的目标等，依次填入，经常阅读。这不仅能增强学习动机，还有利于形成完整的知识结构，并使自己成为学习的真正主宰。

（二）克服考试焦虑

1. 消除消极暗示

具体方法是将对考试的焦虑、某些消极暗示写下来，然后向其挑战，明确其不现实性和不必要性，以增强自信。

2. 放松训练

消除考试焦虑的方法有意念放松法和肌肉放松法。意念放松法类似于气功的意守丹田，请参考气功书籍。而肌肉放松法简单易行，具体方法是先使各部分肌肉分别紧张，保持紧张状态10秒钟，然后慢慢放松，并注意体验放松时的感觉（如发热、沉重等），每次放松训练20~30分钟。

3. 系统脱敏法以消除考试焦虑

具体步骤有：列出引起焦虑的具体情景。排顺序，列出焦虑等级。通过放松训练形成松弛反应。在大脑中按焦虑等级，循序以松弛反应抑制焦虑反应。

（三）掌握科学的学习方法

具体方法如下。

（1）合理制订长期和短期的学习计划。

（2）巧妙运筹学习时间。首先是要善于抓住学习的最佳时机，其次是充分利用间隙时间，最后把握自己的生物节律。

（3）及时整理课堂笔记。

（4）提高阅读效率。方法有：①浏览、抄写章节题目，定学习目标，进行有批注阅读。②提高阅读速度。

（5）掌握记忆的七种方法：①充分利用意义记忆，避免机械的死记硬背。②及时复习。③排除记忆内容间的相互干扰。④运用灵活多样的方式组织复习。⑤适当地过度学习。⑥重复学习与尝试重现相结合。⑦应用各种记忆术或记忆方法，如形象记忆法、联想记忆法、口诀记忆法和分类记忆法等。

三、社交适应不良的调节

（一）培养良好的心理品质

1. 要增强自信，消除自卑

一个人一旦失去了自信，他便在交往中显得茫然不知所措，虽然内心也有渴求交往对象理解的需要，但总是担心，害怕受到拒绝和耻笑，进而自我贬低。只有树立完全的自信，才能在精神和肌肉上都有所放松，从而显得坦然自若，沉着镇定。

2. 不要过多计较别人的评论

当事者须认清恐惧是一种心态，不要轻信主观感受，不要浪费时间去揣测别人对自己的态度。每个人为人处世受到别人的评论是很正常的事，不必过于看重。人家评论，无论是肯定的，还是否定的，都应看成是对自己的一种促进，应以此为动力。①

3. 学会通过暗示来控制自己的情绪

当你在一个陌生的场合，自感有可能紧张、羞怯时，应暗示自己这正是锻炼自己的一个好机会，自己一定能成功，从而建立胜利的信心，使自己能镇定下来。心理学表明，一个非常害羞的人，当他在陌生人面前勇敢地讲出第一句话，随之而来的不再是羞怯，而是顺理成章的语言。

（二）及时排除社交障碍

在交往中遇到困难，出现不适心理就应调动内在力量去努力克服，有四种方法可供参考。

---

① 郭亨杰. 大学生适应心理指导[M]. 北京：高等教育出版社，1992.

1. 相同对比法

在出现社交障碍时,可以这样想:别人开始时也跟我差不多,也都会感到紧张,不管什么事,刚开始都不见得能做好,大家都一样,未必我就比别人差。这样去想,就能减少紧张和恐惧。

2. 不同对比法

当遇到对方在社交方面比你出色时,不要拿自己盲目与对方进行比较,不要妄自菲薄,而可以这样想:他确实不错,但人各有长处,我在这方面不如他,不过在别的方面我也有自己的长处。"梅须逊雪三分白,雪却输梅一段香",明白这个道理,便会变得自信起来。

3. 感情接近法

这种办法对于克服与领导、长辈、异性的交往中的恐慌心理有很好的作用。具体做法是,当你与他们在一起时,不要过分考虑他们的身份、地位、年龄与性别,而不妨这样考虑:假如他(她)是我的长辈,是我的兄弟姊妹……首先在自己感情上与他们亲近起来,就不拘谨难耐了。

4. 难堪练习法

或称暴露疗法,让社交障碍的人到人群中去,公开表演、唱歌、朗诵或在公共场所叫卖,一次、二次,从易到难,直到恐怖感消失为止。

(三)加强社交训练,学会社交的技巧和策略

训练可由易到难,可在小范围进行,逐步再争取到大庭广众中去说话。在交往之前宜有所准备,因为这样可改善演讲效果,从而增强你的自信心。

在社交技巧和策略方面,应注意做好以下三点。

1. 注意在人际关系中保持"人缘型"心理特征

即要保持尊重人、关心人、乐于助人、真诚待人等心理特征,这是社交技巧和策略的首要心理基础,必须自觉培养。

2. 在社交中善于自我心理调节

（1）具有宽宏的胸怀,要有"让人不为丑,饶人不为痴"的大度大量,不为社交中细小矛盾纠缠而斤斤计较。

（2）善于对他人采用安慰和弥合的方法,调解社交矛盾,使之恢复心理平衡。随后根据不同的心理特点,做好深入细致的工作。安慰是对矛盾冲突进行想方设法地劝解和抚慰,使对方消气,暂不评论是非,以后慢慢加以开导;弥合是劝慰调和,互让互谅,求大同存小异,不使矛盾激化。

（3）充分了解对方的心理特点,交谈时做好心理准备,采取适当的处理策略。例如:自尊心强的人,尽量不要直接反驳他的意见,以免发生冲突,应该以迂回曲折代替单刀直入。而对于抑郁型的人要给予更多的劝慰、支持和鼓励。

（4）要培养善于观察别人的真实需求和情感反应的素质,善于站在别人的立场上,多替他人着想。

3. 自觉改正不良习惯,培养良好社交风度

影响一个人的社交风度的不良习惯主要有语言、行为和品性三个方面,因此必须注意做好以下几点。

（1）好的语言习惯:说话和气、文雅、谦逊、富有幽默感;不良社交习惯则表现为言辞粗俗、盛气凌人、暴躁生硬、不能与人为善。

（2）好的行为习惯:端庄正直,具有稳定感。行走从容不迫,快慢自然,稳健轻松;坐时自然、文明。

（3）好的品性:热情开朗,机智敏锐;既不自卑,也不傲慢。

改变不良习惯在于坚持,并要善于观察周围好的榜样,自觉模仿实践,经常请别人督促、提醒。

第三章 大学生学习心理维护研究

常言道"活到老,学到老",学习活动贯穿于人的一生,社会上的人尚且需要不断学习、不断进取,更何况大学生。学生以学为本,学习是学生的首要任务,学习活动则是学生的主要活动形式。因此,学习的状况将直接影响大学生的自我形象和心理健康。

然而大学生在学习过程中的心理健康问题长期以来没有得到应有的重视。严峻的事实告诉我们,大学生的心理健康状况也是影响大学生学习的重要原因。因此,加强心理卫生的宣传和教育,提高心理健康水平已成为改善大学生学习状况,开发大学生学习潜力,进而促进大学生全面发展的迫切需要。

第一节 学习概述

一、学习的内涵

学习,作为一种行为,是受学习心理所驱使的。只有良好的学习心理,才会有良好的学习行为,进而才能取得良好的学习成绩。

学习其实是一种很复杂的心理现象,国内和国外很多不同的学者都按照自己的研究和理解对其概念进行了不同的诠释。一般而言,学习的概念有广义和狭义之分。

从广义来看,"学习是人和动物在生活过程中通过实践训练而获得的由经验引起的相对持久的适应性的心理变化,即有机体以经验方式引起的对环境相对持久的适应性的心理变化"。

从狭义来看,学习是指学生在特定的环境——学校中的学习,是指在教师的指导下,学生有目的、有计划、有组织地获取知识,形成技能,培养才智的学习过程,有特定的学习内容和合乎规律的学习方法。[1]

二、大学生学习活动的结构及特点

(一)大学生学习活动的基本结构

大学生的学习活动主要由动机、感知、理解、巩固、应用五大要素构成。这些要素互相联系,协同作用。

1. 学习动机

动机是能引起、维持一个人的活动,并将该活动导向某一目标,以满足个体某种需要的念头、愿望、理想等。学习动机是直接推动大学生进行学习的内在动力。大学生要提高学习成效,单靠增加学习时间有时难以奏效,只有激发个体的学习动机,才能维持持久的积极性和主动性,并使学习活动有充足的后劲。心理学上将学习动机分为外在动机和内在动机。外在动机是在外部条件,如分数、竞赛、奖励、师长的期望和要求等刺激下产生的动机。这种动机"内驱力"不大,也难以持久。内在动机是由内部条件,如需要、求知欲、兴趣、爱好、责任心等转化而来的,它的"内驱力"较大,也比较巩固和持久。这两种动机在一定条件下可以互相转化。[2] 只有把外在动机转化为内在动机,才能保持高涨的学习热情。

2. 对学习材料的感知

个体在学习活动中获得信息靠的是感知。感知是一切认知活动的开始。学习者与所要认识的事物直接接触,调动各种感官去观察事物,听取讲解,阅读材料和进行操作,从而获得信息,掌握感性知识,这就是对学习材料的感知。

3. 对学习内容的理解

理解是动用学生头脑中已有的知识、经验去认识事物间的联系和关

---

[1] 张梅英. 大学生心理健康问题及调适探究[M]. 北京:中国商务出版社,2016.
[2] 樊富珉. 大学生心理健康与发展[M]. 北京:清华大学出版社,1997.

系,直到掌握事物的本质特点和规律的思维过程。

4.对所获得信息的巩固

学习过程中的巩固是在感知和理解基础上的信息储存,即通常所说的记忆过程。根据信息论的观点,人在储存中具有选择功能,对有用的信息能牢固地储存在大脑中,而无用的信息则会被遗忘掉。

5.对所学知识的应用

应用就是用已掌握的知识来解决问题,并由此形成相应的技能和能力。知识的运用既是检验学习效果的有效手段,又是学习过程中的重要阶段,它是以对知识的理解和巩固为前提的。同时知识的应用又使对知识的巩固和理解得到检验和发展。

(二)大学生学习活动的特点

大学生的学习与中学生相比,有着明显不同的特点,这些特点就是学习过程的自主性、学习方式的多样性、学习内容的专业性和学习目的的探索性。

1.学习过程的自主性

个性独立的大学生在安排课上课下的学习活动的时候,一般会自觉、能动地根据现实情况去作出最恰当的安排,而这种自觉性和能动性加在一起便构成了其学习的自主性。首先,下课后,大学生还需要延续高中时的习惯,针对教师课上所讲述的内容进行复习、消化和巩固,这个环节是由学生自主去完成的,教师一般不会过多干涉,也不可能每节课后都为学生安排复习计划、监督学生的学习情况或者检查学生的作业,这时候,大学生学习的自主性就显得极为关键。从另一方面而言,大学生在学习内容的选择上也有了一定的自由度。比如,面对诸多的选修课程,大学生可以根据自己的兴趣、爱好去进行选择,并做好学习计划。

2.学习方式的多样性

离开高中课堂,进入大学后,很多大学生会感到由衷的兴奋。大学生活没有高中时期那么刻板、严肃,大学生的时间一下子多了很多,各种活动的开展也为他们提供了自由选择的余地。同时,学习方式也变得越来越多样化,这种情况下,如何选择更合适的学习方式?这让很多大学生困惑不已,甚至经过不少弯路后才找到正确的方向。

3. 学习内容的专业性

进入大学校门的年轻人总被喻为初升的朝阳,他们是国家未来的希望,他们自身发展的好坏甚至会影响到国家总体的发展轨迹。大学生们从入学起就面临一个问题,即专业定向,有的学生对自己的专业很感兴趣,于是努力去钻研学业,他们的学习热情往往也会令他们收获良好的学习成果,从而获得更好的发展。然而,有的学生对自己的专业却毫无兴趣,这令他们的学习热情大打折扣,消极的态度也影响了他们的整个学习面貌,以至于限制了他们的发展。

4. 学习目的的探索性

优秀的大学生会自主安排自己的学习和生活,上课的时候努力汲取知识,课下会对书本结论之外的新观点展开研究,而这种思考与探索也会带给他们最大的成长。如果当代大学生缺乏独立思考、自主探索的能力,一味被动地去接受知识,死记硬背、墨守成规,却不去思考更深层次的问题,就很难取得理想中的进步,大学生活也会变得越来越枯燥无趣。

上述这些特点既有区别又互相联系,说明大学生的学习活动是复杂的、紧张的,需要很大的心智能量和良好的心理素质、多方面的能力和健康的身体来做保障。

三、影响大学生学习效果的因素

影响大学生学习效果的因素有很多,概括起来主要有三大方面,即学习生理因素、学习智力因素、学习动力因素。

(一)学习的生理基础

健全的精神赋予健康的身体,人的心理与生理活动是相互联系、相互影响的,而大学生的年龄在 20 岁左右,正处在青年中期,他们在生理方面正处于发展和趋于成熟阶段。肺活量增大,心脏机能增强,体力和脑力发展达到成人化,他们精力充沛,思想活跃。这就为大学生的独立活动和学习提供了必要的生理前提,为大学生发展抽象逻辑思维、学习系统理论、发展自我意识、形成道德观念和世界观奠定了物质基础。

大脑是心理活动的器官,也是智力活动的最坚实的物质基础。现代脑生理学认为,人在18~23岁,脑子处于最佳时期。其主要表现在:脑量的增加,脑的功能健全发达,脑细胞间联系处于上升期,脑细胞内部的结构和机能复杂化过程剧烈地发展,从形态的发展上表现为神经元的联系更加复杂。

大学生大脑皮层的发育,在一定程度上呈现出一种似"飞跃"的状态,再经过教育训练,皮层细胞活动的数量迅速增加,联络神经纤维大量发挥作用。这时,大脑皮层的兴奋与抑制已具有较好的平稳性,一方面由于激素分泌旺盛,提高了大脑皮层的兴奋水平;另一方面大脑皮层的抑制机能亦在发展,使大脑在意识的控制与调节下能坚持较长时间的脑力劳动。实践证明,脑子越用越灵。脑子运用可使大脑皮质内的酶的活性增加,从而脑功能更加完善。脑的神经元也只有通过学习和环境刺激才能发展。这就要求我们掌握科学用脑的原则,多用脑、勤思考,适当的智力劳动能锻炼神经系统。此外,要劳逸适度,左右脑交替使用。大脑两半球的功能各不相同,左半球是记忆、言语、逻辑、计算等智力活动的中枢,而右半球则是主管视觉、音乐、节奏、身体协调等心理活动的中枢。当左半球的神经细胞处于兴奋状态时,右半球的神经细胞就进入抑制状态。大学生一般左脑用得较多,容易疲劳,如果长期得不到调节,就会影响大脑功能的发挥。

人脑大约由140亿个神经细胞组成,成人脑重量约1500克。人脑是一个相当巨大的信息储存库,是取之不尽、用之不竭的智力资源。我们要讲究大脑合理使用与学习卫生。学习,主要是脑力劳动,是一项十分复杂的劳动。因此既要注意大脑的休息方式,又要发掘大脑的使用潜力。这就要求保护大脑组织不受损害,注意身体锻炼,保证充足的营养供应,加强抑制过程,补充神经细胞所消耗的能量,防止过度兴奋引起神经细胞的功能衰竭。

学习生理基础非常重要,它是从事学习活动的前提和可能,强健的身体是知识的载体,良好的生理因素是学习的自然基础。大学生应加强发展体力和运动能力,为学习打下坚实的生理基础。

第三章　大学生学习心理维护研究

(二)学习的智力基础

大学生渴望成才,需要成才,必须具备一定发展水平的智力。大多数心理学家认为,智力是指人的认识和行动所能达到的水平,通俗地说,所谓智力,指人的聪明程度。智力的个性差异直接影响着学生学习的速度和掌握的质量。它随年龄的发展而变化,越来越成为影响学生学习的重要认知因素,并在很大程度上决定着学生学习的准备状态。

众所周知,智力发展不是凭空的,而是在掌握一定知识、技能的过程中得到发展。离开了学习知识的实践活动,智力就犹如无本之木,无源之水;学习任何一门知识都要以一定的智力发展水平为条件。智力发展水平的高低与掌握知识、技能的质量是成正比的。但知识多并不等于智力高。知识是发展智力的基础和条件。智力和知识相互依存、相互促进,缺一不可。若一个人没有一定的智力水平,就不能从事学习活动。

同样,没有知识,智力无从表现,也无从发展。因此智力的好与坏直接关系到学生的学习成绩,关系到学生学习过程,学习质量,关系到学生掌握知识、技能的概括程度。如聪明的学生能很快抓住学习内容的实质,充分利用课堂的学习时间,积极思维,学会和发现解决问题的策略,提高学习效率。

当然,学习成绩的好坏与智力水平的高低不一定完全一致。因为学习知识、技能除智力因素外,还受学生的学习动机、学习情趣、学习态度等非智力因素的影响。可见,智力是先天和后天的"合金",它是在个人生理素质的基础上,通过主观刻苦努力接受系统教育和参加社会实践活动等作用而逐步形成的。随着智力研究的逐步深入,人们越来越发现智力并不仅仅由某种能力构成,而是由若干种相互作用的能力要素共同构成的,包括观察能力、创造能力、记忆能力、思维能力、自学能力等许多方面。要加强大学生智力的培养,必须重视大学生这些方面能力的培养。

1. 观察能力

观察能力是一种受思维影响的、有意识的、主动的和系统的知觉活动。观察是有一定目的、比较持久的和主动的知觉,它是通过视觉、听觉、触觉、嗅觉等器官活动去认识和体验某种事物的心理过程,它是人认识世界的窗口,是获得一切知识提高智力的门户。

2. 创造能力

创造,是人类心理的高级过程,是包括知、情、意在内的各种心理活动在最高水平上的综合。创造能力,是指人们在创造性地解决问题过程中所表现出来的一种能力。大学生良好的心理品质是创造活动的动力因素。如在情感方面要具有饱满而稳定的情绪,有较高层次的理智感以及追求现实目标的成功感。在性格方面,要有勤劳、果断、自信、细致、大胆、进取等特点。在意志方面,要有主见、有毅力,百折不挠,锲而不舍,用奋斗的源泉浇灌成功的花朵。此外,还要努力确立创造意识。积极参与创造活动,敢于冲破世俗偏见的禁锢,改变思维方向,克服定式影响,在实践中激发创造欲望和创造精神。在学习活动中要善于动脑筋,勇于标新立异,使学习的过程变成一个创造性地掌握、运用知识的过程。

3. 记忆能力

记忆是人脑对过去经历过的事物的反映。记忆能力是识记、保存和回忆知识经验的能力。对大学生来说,记忆能力是积累经验、丰富知识的基本手段,也是心理形成和发展的条件。大学时期是记忆的黄金时代,要遵循记忆的规律,提高学习效率,结合专业知识的学习,明确记忆的目标,给自己不断施加压力,增强保持识记的效果。

4. 思维能力

思维是人脑的一种机能。思维能力是指人脑间接地概括反映客观事物及其规律的能力,它是人类认识世界、改造世界最重要的主观能源,也是智力结构的核心因素。从思维能力构成上分,可分为分析、综合、比较、抽象等方面。大学生在学习和科学研究活动中,逐渐形成有别于其他同龄青年的思维特点。如思维的独立性和批判性,思维的广度和深度,思维的敏感性和可变性。要充分利用高校现有的学习机会和条件,扩大知识面、开阔视野,进一步学习社会科学和思维科学的有关知识,在建立合理的思维能力结构上下功夫。要善于对众多复杂的材料加以分类整理,去伪存真,去粗取精,以抽象出事物的本质属性,来指导解决实际问题。要养成日常边读书边思考问题的习惯,设身处地地思考,善于生疑,增加思维能力的训练。要不断地更新观念,及时吸收、接纳一些新信息、新知识,用新的科学文化知识武装头脑,去认识世界,以提高大学生思维的科学性和有效性。

（三）学习的动力基础

学习动力基础包括学习动机、学习态度、学习心境、学习兴趣等。其中，学习动机具有核心意义。它以学习意向、愿望、需要等为表现形式，激发和调节学生的学习活动，推动学习活动向某一目标前进，增加维持学习活动的力度。一句话，对学习起推动作用。

学习动机复杂而多样。按动机的内容、性质来分，可分为正确动机、错误动机、高尚动机与低级动机；按动机作用的主次不同，可分为主导性动机与辅导性动机；按动机作用时间长短可将其分为近期性动机和远期性动机。大多数心理学家的观点是，学生在学习活动中，动机作用具体体现在动机作用的强度与学习效率的关系上。一般说来，动机作用愈强烈，愈能引起学生学习行为的激活功能；学生学习特定目标的指向性愈强，学习潜能愈能发挥，学习效率也愈高。因此我们必须奠定良好的学习动力基础，使学习获得成功。

1. 建立正确的学习动机

人的动机不是凭空产生的，它既受客观条件的影响，又受主观因素的制约。大学生应建立正确的学习动机，自觉克服不良动机，树立远大理想，把当前的学习与祖国美好未来联系起来，产生学习的需要，花力气学好本专业知识与技能，以焕发出强大的学习热情。

2. 端正学习态度

学习态度对学生学习过程产生直接影响，是学生对学习的较为持久的肯定或否定的内在反映倾向，是影响学习效果的一个重要因素。良好的学习态度不仅是客观学习目标的需要，也是日后成才的需要。如现在大学学习风气存在诸多问题，"厌学风"又在高校里悄悄地滋长、蔓延。面对现实，大学生要学会自制，提高学习的抱负水平，加强学习意志锻炼，养成良好的刻苦学习习惯，扎扎实实搞好学习。

3. 培养积极的学习兴趣

兴趣是学习中最活跃的因素，是激励学生充分发挥学习潜能，获得学习成功的巨大推动力。根据学习需要，制订学习目标与计划，增强自信心,努力求知,专心致志,孜孜不倦,诱发好奇的内驱力,长此坚持下去,在学习方面就会产生浓厚的兴趣。

4.注重学习心境的调适

轻松、愉快、乐观、良好的心境不仅能使人产生很强的记忆力,而且有助于创造性思维,充分发挥心理潜力。要增强大学生心理承受能力,不断用先进思想激励自己,勇于同各种不良情绪做斗争,振奋精神,始终保持良好的心境。

第二节 大学生学习的特点

大学生的学习是一种专业学习的社会活动,不同于中小学生的基础知识学习活动,具有专业性、探索性、职业定向性、社会服务性的要求。

一、大学生智力活动的特点

(一)范畴思辨性

范畴思辨性是大学生学习活动的重要特征之一。范畴是指一门学科的基本概念体系或称概念群;思辨是指大学生在学习中的辩证思维,即大学生在学习过程中不仅要回答"是什么""为什么"以及事物之间有什么既定关系等,还要研究科学范畴间多种多样的条件与可能性,研究它们之间的过去状态和未来走向。简略地说,范畴思辨性就是指大学生的学习是以科学范畴为工具而进行的辩证思维活动。范畴思维性要求大学生在思维深度、广度上有显著的提高,学习带有一定的预见性和创造性。[1]

(二)指导自主性

指导自主性是大学生学习活动的重要外部特征。它是指大学生的学习活动方式是在老师的指导下,在整个学习过程中自我选择和确立的一种比较固定的习惯化和个性化了的方式。这一特征一方面说明了大

---

[1] 杨树春,鞠恩功,王铁,季长生.当代大学生心理健康导引[M].沈阳:辽宁人民出版社,1996.

学生的学习活动同中小学生的学习活动一样,离不开教师的有效指导,另一方面也说明大学生学习的自觉性、选择性进一步增强,个性化的倾向日益明显。

(三)科学探索性

科学探索性是指大学生的学习活动不仅是以掌握各门学科已有的知识体系为己任,而且还要尽可能综合地利用这些被掌握的知识去从事某些未知领域的探究活动。科学探究性一方面反映了大学生学习过程中的创造性,即以一种创造的精神和创造的态度来对待学习过程;另一方面也说明了大学生利用高等学校便利的条件、先进的设备进行一些初步的研究工作的可能性。

二、大学生的学习特点

(一)学术性的高级学习

普通中小学教育一般都是传授前人已有的知识经验,讲授的是一般都已成定论的东西。大学的教学内容不仅要向学生传授已定论的知识,而且要向学生介绍学科发展的新成果,各个不同学派的观点以及需要研究的课题。有的内容已处于学科发展的前沿,因而教学内容大量涉及的是结构不良的知识。这意味着,学生在大学里获得的知识不可能在将来靠简单的提取就能有效地解决现实问题,而必须根据具体情境,以原有知识为基础,建构用于指导问题解决的图式。这就要求大学生必须真正达到对所学知识的全面而深刻的意义建构,并能广泛而灵活地应用到具体的情境中去,但这仅靠个人是无法达到的,这就需要个体能充分利用学习群体丰富的学习资源,通过协商达到深刻的理解。

(二)职业性的专业学习

中小学的教育是国民的基础文化科学知识的教育,它不以传授专业知识为主要目的。大学教育是为社会培养各类高级专门人才,学生毕业后主要在社会各个实践领域从事与自己专业相关的职业活动,因此,大学的学习实质上是职业定向性极强的专业学习,教学就应充分考虑学生职业发展的应用方向所需的专门知识的掌握,应用规则和程序的能力的提高,和使之获得在将来职业环境中操作方面的各种良好技能。由于职业发展的需要,因此,对大学生来讲,实践知识的掌握和动手能力的培养具有特别重要的意义。

(三)多元结构的学习

中小学生的学习是在教师直接组织和指导下,严格围绕着教学计划进行的,以严格的课程教学为主。而大学生在选课、做实验、实习、毕业设计,以及参加一些社会实践方面有相当的自主性,他们的学习更具有独立研究和自我计划的性质。在校内,他们不仅在课程教学中学习,而且在实验室、生产劳动、图书馆、资料室中学习,通过参与教师的科研,听各种学术报告和讲座,参加各种社团活动中学习。在校外,他们通过进行社会调查或开展咨询服务,从社会实践中学习。这些多元结构的学习为大学生走向社会获得职业的成功打下了坚实的基础,使他们能把抽象的专业理论知识具体化,变为可应用、可操作的专业技术。大学生的学习不仅是对新知识的理解,而且是对新知识的分析、检验和批判,并把握它在具体情境中的复杂变化。因此,学生不仅应确立所要学的问题,而且必须对问题解决过程拥有自主权。

第三节 大学生常见的学习心理问题

一、对学习方式转变的不适应

德国哲学家尼采曾提出过著名的"精神三重境界",即"骆驼"境界、"狮子"境界、"孩子"境界。他认为骆驼具有"能担载的精神",但过于被动顺从;骆驼向狮子的变形表明人生境界的提升,从骆驼的被动顺从到狮子的独立性、自主性。学生从中学到大学的一个显著变化是学习的依赖性减少,自主性开始形成,从别人告诉我应该学什么、怎么学到自己作决定,正如从骆驼向狮子的变形,但骆驼好做,狮子难当,这种学习方式的转变使一些大学生很不适应,他们已习惯了在学习中依赖教师的安排和指导,突然面对大把的自主规划的时间,却不知道要做什么,只能漫无目地地在寝室里耗时间,想到什么做什么,或者随大流,别人做什么自己就做什么。这种生活方式让这些大学生产生了无聊、焦虑的心理,甚至会以一些不当的方式来化解无聊和焦虑的心情,影响了正常的大学生活。

产生这一现象的主要原因是大学生面对新的学习方式,缺乏自主的学习规划能力,不知道在这些空闲时间里要做什么。因此,大学生要学会做学习规划,即结合自己的实际情况,包括兴趣关注点、能力特长、个人理想、优势与不足等,合理地制订学习目标,并依据目标,制订每天的学习计划,使自己明确地知道,在自主规划的时间,自己到底要做什么。

二、学习动机问题

动机是推动有机体进行活动的内部动力。它具有三种功能:一是激活功能,即发动行为,动机可以推动人们产生某种行为或从事某一活动;二是指向功能,即在动机的作用下,使个体的行为指向一定的方向;三是维持和调节的功能,当个体的某一行为产生后,动机会以目标为导向,对个体行为进行维持或调节。当个体行为指向既定目标时,使活动动机增强,推动活动持续下去;当个体行为偏离了既定目标时,则对行为本身进行调整,使行为能够继续指向目标。

学习动机是推动学生进行学习活动的内在原因,是激励、指引学生学习的强大动力。我们一般可能会认为,学习动机的强度越高,说明学习积极性也越高,对学习活动的影响更大,学习效率会更好;反之,动机的强度越低,则学习的效率也越低。然而,事实并非都如此。心理学家耶克斯和多德森的研究表明,动机强度与学习效率的关系并不是线性的关系,而是呈倒 U 形曲线关系。也就是说,学习动机的强度有一个最佳水平,即动机水平适中,此时的学习效率最高。[①]超过或不足于这个最佳水平,即学习动机过强或过弱都会对学习效率产生一定的影响。另外,学习动机强度的最佳水平不是固定不变的,而是根据任务性质的不同而不同。学习任务比较简单时,学习动机强度较高可达到最佳水平;学习任务比较困难时,学习动机强度略低可达到最佳水平。

为什么学习动机过强和过弱都不利于学习效率的提高呢? 动机水平过低时,会缺乏学习的积极性,因而学习效率不会很好;动机水平过强时,尤其是当目标超出了我们的能力范围时,会导致过度焦虑和紧

---

① 郑航月,夏小林.大学生心理健康教育[M].重庆:重庆大学出版社,2018.

张。比如,一个学生面对大学英语四级考试,如果动机水平过低,认为就是考着玩,过不过无所谓,那么他在复习和考试做题时积极性就很低,甚至根本没有复习或没有认真做题,成绩可能不会很好;相反,如果动机水平过强,要求自己一定要以优异的成绩考过,而且听力必须拿满分,这样会导致自己过分紧张,反而影响了自己在考场上的答题状态,干扰了思维的过程。

因此,大学生的学习动机问题实际上就是两个方面,学习动机过强和学习动机不足。

(一)学习动机过强

1. 学习动机过强的表现

学习动机过强的学生常常把学习看得至高无上,认为学习是展现自己价值的唯一途径,把分数和名次放在很重要的位置,甚至与自己的荣誉、地位联系起来。他们在学习中好胜心很强,要求自己一定要成功,不允许失败,一旦出现失败,失落感就很严重。对自己的期望值也很高,这种期望值甚至远远超出了自己现有的水平和能力。为了达到这种期望值,他们会苛刻地要求自己,把时间全部用在学习上,很少或从不参加其他的活动。这种过于单一和长时间超负荷的学习,使他们承受很大的精神压力,从而可能导致情绪紧张、记忆力减退、注意力难以集中、学习效率下降等问题。

2. 学习动机过强的原因

导致学习动机过强的原因如下。

(1)对学习的认知态度不当。学习动机过强的人往往用不正确的态度看待学习,他们把学习成绩出类拔萃看作大学成功的唯一标志,把自己超负荷的学习看成成功的必经之路,把学习的价值看成获得奖学金、保研等荣誉,忽略了自己的学习兴趣,感受不到学习过程的快乐。

(2)过高的自我期望值。一些大学生由于过于追求完美,要求自己要做到最好,或迫于家庭学校和社会的较高期望,给自己制订了过高的学习目标,并强迫自己通过长时间、高负荷的学习去实现这一目标,导致学习动机过强。

(二)学习动机不足

1. 学习动机不足的表现

当前大学生学习动机不足主要表现为学习惰性较大,如对学习没有热情,失去兴趣。课前不认真预习;不愿上课,经常迟到,甚至逃课;上课不能集中精力,不认真听讲,懒得做笔记,对老师提出的问题不理不睬,不去思考;课后不能及时复习,不愿看书、不愿完成作业,作业拖拉,敷衍了事;学习时无精打采,很少感受到学习带来的快乐;考试态度消极,经常出现挂科现象。[1]

虽然有的大学生看起来学习也挺认真,但他们主要是"被人牵着鼻子学习",这也是学习动机不足的一个典型表现。比如,很多大学生不知道该学什么,老师不开书目,学生就不知该看什么书。

2. 学习动机不足的原因

(1)高考失败使一些大学生对现有的大学生活丧失兴趣。一些大学生由于高考发挥失常,没有考入自己理想的学校,觉得在现在的学校是"委曲求全",这种失落感使一些大学生时时感到不满和消沉。如在上课时听老师讲课,他会想"如果是××大学(自己理想的大学)的老师上课,就会比这好很多",于是失去了听课的热情;在去图书馆看书时,他会想"如果是××大学的图书馆,要比这强多了",于是失去了看书的兴趣。这种不满和抱怨始终伴随着大学的学习,使学生对学习没有热情,缺乏动力。

其实,高考不是人生的终点,而恰恰是一个起点,无论现在在哪所大学,我们都有足够的时间去改变自己,当然,要改变自己,我们要有奋斗的动力,所以,在大学学习中,与其抱怨,不如奋进。

(2)学习压力的减退使大学生完全放松。在高中时期,为了取得更好的成绩,考上理想的大学,许多学生长期刻苦地学习,付出了很多的时间和很大的精力,身体和心理上都感到非常疲惫。进入大学以后,一些学生认为考上大学就万事大吉了,觉得应该好好"休息一下""调整一下",出现了一种彻底的放松感。加上很多学生进入大学后,远离家长

---

[1] 郑航月,夏小林.大学生心理健康教育[M].重庆:重庆大学出版社,2018.

的管束,缺少外部的学习压力,往往安于现状,不思进取,导致学习动机水平较低。比如,一位大四的学生回忆说:"4年前,我如愿以偿地跨入了大学校园。当时,对于我来说,大学已是我'理想的顶点',满足感油然而生,放松紧张的神经,休整疲惫的身体,上课读小说,下课逛大街,早晨睡懒觉,晚上打游戏,整天不思学习,无所作为。这种消极颓废的生活伴随我度过了半年光阴。第一学期考试下来,我竟然有好几门功课不及格。这对于长期名列前茅的我,犹如当头一棒,想要振作起来,但又不知从何下手。"

(3)大学生发展观念的特殊性使他们缺乏不平衡感。心理学认为,动机产生的基础是需要,需要是人生理或心理的一种不平衡状态,人们感受到这种不平衡状态,就希望通过努力使之达到平衡,从而激发出行为的动力。如某学生在高中学习中,一次考试,竞争对手的分数比他要高很多,这时他就会产生不平衡感,希望通过自己的努力赶超这位竞争对手,进而激发出强烈的学习动力。高中时期,成绩是同学之间的一个核心比较要素,成绩不如他人会使自己产生强烈的不平衡感。而大学则有着非常广阔的发展空间,学习并不是唯一的比较要素,一个人的学习成绩不如他人,但他的组织能力和人际交往能力却非常突出,他会认为自己并不比别人差,也难以唤起这种不平衡感。

(4)课堂教学无法激发学生的学习兴趣。庞伟国老师曾就11个学习问题向238名一至四年级的大学生做过调查,其中,在对"是什么原因导致你不愿学习"的问题的回答中,排在前三位的原因分别是理论与实践脱离、没有兴趣和学习内容枯燥。可见,过于理论化、枯燥化的教学无法激发学生的学习兴趣,是导致学生学习动力不足的重要原因。

(5)"被人牵着鼻子学习"。很多年轻人进入大学校园后,很不适应自己身份的转变,他们还像以前一样,希望老师领着自己去学习,一旦遇到难题,心理上也在依赖别人,总会期盼着有人能帮助他们走出目前的困境。他们习惯于去等待,宁愿在等待中消磨时间,也不愿意自己主动去做些什么。为了改变这种现状,有些高校会让本科生选择教授做导师,根据每名学生的情况适当地予以辅导,或者每周在固定时间开设一门名著导读课,集中性地告诉学生在哪个阶段应该看哪些书,采取什么样的方法去阅读这些书。有的高校教师提议,既然很多大学生都存在着学习方面的困惑,高校就该正视这一问题,在大一时就要指导学生进行人生规划并开展就业形势培训,帮助他们认清社会形势,并在危机感的促使下滋生更多学习的动力。

三、学习的自卑心理

(一)学习中自卑心理的表现

学习的自卑心理就是在学习活动中,一个人对自己的学习能力、水平作出了偏低的评价,觉得自己无法完成学习任务,或担心由于完成得不好而遭到他人的嘲笑。表现为不敢主动接受学习任务;课堂讨论时,对自己的观点没有信心,不敢表达自己的观点;学习小组交流时,往往保持沉默或附和他人,即使有不同的意见也不想发表。自卑心理会给大学生的学习造成一定的阻碍,它在一定程度上挫伤了大学生学习的积极性。

(二)大学生学习自卑心理产生的原因

1. 强烈的自我否定倾向

上中学时,一些学生或因为学习成绩不好而经常受到老师的批评和同学的歧视;或因为学习方法问题,虽然经过了很大的努力,但学习依然没有进步,会在一定程度上产生对自我的否定倾向,认为"我不行""我无论如何也学不好",这种自我否定的倾向会以惯性的方式延续到大学学习中,使学生按照高中时的定式想法,很自然地认为"我无法成功地完成大学学习"。

2. 在学习上经历的挫折

在大学期间,大学生可能会在学习上经历一些挫折,如某门课程成绩不及格,上英语课在与老师用英语对话时犯了错误,遭到同学们的嘲笑等,如果该学生缺乏必要的心理调节能力,这些挫折会挫伤学生的学习自信心,使之产生自卑的情绪。

3. 自卑情绪的迁移

大学生由于某些方面的不足(如语言表达能力有缺陷、艺术表演能力匮乏等)而产生的自卑感,可能会出现"泛化"而迁移到学习领域,使他们认为在专业学习领域同样存在困难,从而影响自己的学习自信心。

（三）学习中自卑心理的克服

1. 正确地评估自己

自卑心理的产生是缺乏正确的自我意识的表现。大学生应本着客观的态度进行自我评估，实事求是地看待自己的优点和缺点，既不夸大，也不贬低，坦然面对自己的不足之处。要知道，某个方面没有做好可能是因为方法问题或者不是自己的优势领域，不要因为某方面的不足而全面否定自己。

2. 突破心理障碍

积极参加学习实践活动，创造成功经验的机会。一个人的自信心源于成功经验的积累，大学生在学习中，要积极参加相关的实践活动，通过自己的努力，在活动中感受成功的幸福感，不断增强自己的自信心。

四、考试焦虑

很多人都产生过焦虑的情绪，尤其是在遇到某些困难或挫折的时候，虽然相关心理学研究表明，适度的焦虑情绪能帮助我们更好地投入某些活动中，从而取得良好的结果，但焦虑情绪一旦过了头，就会使得个体行为活动产生不利的影响。焦虑情绪往往伴随着紧张、不安、慌张、痛苦等负面情绪，大学生一旦被这些负面情况所围绕，就很难再振作精神去面对学习上的挑战。如果大学生长期陷入这种低迷的状态里，未来就很危险。

很多学生在考试前也会产生一种焦虑的情绪，时时刻刻都很恐慌、不安。其实，考试焦虑是一种学习心理问题，在大学生群体内也比较普遍。适度的焦虑情绪能帮助大学生集中注意力，全神贯注地去应对每一道试题。然而，一旦焦虑情绪过了头，大学生甚至无法正常进行考试。如果长期都无法摆脱这种心理，大学生的身心健康也会造成损害。

（一）考试焦虑的具体表现

考虑焦虑的表现很明显，有的学生在考试前几天就会心烦意乱，焦躁失眠，甚至会产生莫名的头疼、食欲不振等现象；有的学生进入考场前往往大脑一片混沌,额头冒汗、双手发抖,有时候他们会抑制不住地一次又一次地去厕所;有的学生在考试过程中注意力怎么都没办法集中,平时明明背得滚瓜烂熟的知识到了考场上却怎么也记不起来,他们眼见着时间一分一秒流逝,心里越发紧张,甚至出现两眼发黑、呼吸急促的现象。

(二)大学生考试焦虑的原因

1. 主观赋予考试更多、更复杂的意义

有些大学生在每次考试之前,都会有"这次我一定要考好,否则就拿不到奖学金了""我一定要通过这次考试,要不然就太没面子了""要是这次的考试成绩还是没能达到预期,我就再也没办法改变自己的命运了"……这样的想法无形中会给人带来诸多压力,要知道一次考试并不能决定什么,就算是考试失败,影响也只是暂时的,只要保持稳定的心态,冷静总结失败经验,勇敢地从失败中站起来,就能逆风翻盘,赢取下一次成功的机会。有的学生总是将考试和尊严、荣誉甚至是前途与命运联系起来,不断给自己坏的心理暗示,反而变得越来越紧张,造成自己考前焦虑,这无疑是得不偿失的做法。不要赋予考试过于沉重的意义,而应该用更理性、更客观的态度去应对大大小小的考试,这才是明智的做法。

2. 对知识的掌握不到位

有些大学生考前紧张,是因为他知道自己平时没有好好学习,根本没有积累足够的知识去应对考试。他们心中没底,自然就无法坦然地坐在考场上。

想要摆脱这种紧张、焦虑的情绪,平时就一定要认真学习,像高中时一样,上课时认真听讲,做好笔记,下课后及时复习,面对难题也不要轻易放弃,而要反复钻研,或者请教他人,直到弄懂为止。有的学生会在考前临时突击,不吃不睡狂背知识点,结果到了考场上还是不免会头脑一片空白。试想,短短几天时间又如何能将一个学期的知识和经验完全消化完毕?这是几乎不可能做到的事。只要大学生们平时好好学习,自然就能以平稳的心态迎接大大小小的考试,从此告别考前焦虑。

3. 外在环境给予了过大的压力

当今的社会竞争是十分激烈的,无论是父母还是老师都给予了学生太多的期待,而这种期待也变成了一种压力,将学生压得透不过气来。很多学生一想起考试前父母期待的眼神,考试失败后父母失望的神色就感到惊慌失措,好像只要考试失败,他们的人生就完全没有退路一样。为了不让父母、老师失望,他们硬着头皮学习,而在这种紧张的情绪下,越想要集中注意力反而越容易精力涣散,如此便形成了一个恶性循环。

另外,学生与学生之间经常会产生攀比的现象,比如看谁熬夜熬得更晚、考试考得更好,等等。有些学生学习十分刻苦、努力,且很喜欢在人前展示这份努力,他们不时地对周围的人宣扬自己的奋斗目标,人为制造紧张空气。这种紧张的氛围很容易感染那些心性脆弱的学生,从而使得他们产生考试焦虑心理。

五、学习心理疲劳

学习心理疲劳表现为注意力不集中,思维迟钝、情绪躁动,记忆力下降,学习效率不高,并有失眠症状的出现。学习心理疲劳在大学生中并不少见,在心理调查中,很多同学反映记忆力下降、注意力不集中、急躁等都与心理疲劳有很大的关系。造成学习心理疲劳的原因是多方面的。

(1)在学习活动中,学习内容长时间过于单调或生活中缺乏劳逸结合。

(2)学习内容难度较大,学习过于紧张,使大脑神经持续处于高度紧张状态。

(3)对学习活动缺乏兴趣,有厌烦、畏难情绪。

(4)由于受到其他因素的干扰,学习中情绪低落,导致大脑神经活动处于抑制状态。

六、注意障碍和记忆障碍

注意是心理活动对一定对象的选择和集中,在人的信息加工过程中,注意具有选择、维持、整合和调节功能。记忆,是使贮存于脑内的信息复呈于意识中的功能,是保存和回忆以往经验的过程。记忆有三个基本过程：识记、保存、再现。如果大学生出现学习疲劳或者学习焦虑等现象，势必会带来注意障碍和记忆障碍。要消除注意障碍和记忆障碍，除了要消除学习疲劳和学习焦虑，还要通过确定明确的学习目标、培养良好的学习兴趣等来提高记忆力，集中注意力，才能提高学习效率，更进一步激发学习兴趣，进而形成良性循环。

七、习惯性自暴自弃

习惯性自暴自弃是指个体连续经受到失败，体验到行为后果与行为无关而产生的一种无助心理和从此放弃努力的行为缺陷。

有些大学生之所以会产生这种心理，首先是因为他经历过太多的失败，已经被这些糟糕的结果打击到麻木的程度，如果长久的努力得不到应有的回报，人们难免会丧失信心，从此再也没有勇气去迎接挑战。其次，有些大学生性格较为软弱，就有明显的外控特征，他们潜意识里认为自己的命运是别人赋予的，机遇都掌握在别人手上，无论自己怎么努力，都很难摆脱别人的控制，这样的人一旦经历几次失败，精神上就会全面溃败，从此自暴自弃。

大学生这种自暴自弃的心理可能局限为某一具体课程领域，若不及时更正，慢慢这种心理就会扩散，甚至影响到他们的人生态度。面对问题，他们往往消极被动，指望别人代替他们去解决，面对机遇，他们往往半信半疑，甚至会自动放弃，总认为自己不可能会获得好运气。这种心理危害极大，会对大学生的学习生涯造成难以弥补的负面影响。

八、学习逆反心理

由于各种主、客观原因，很多大学生都呈现出明显的逆反心理，一旦面对他们不喜欢的人或事时，他们会表现出明显的抵触情绪，受到压力后，他们往往情绪激动，甚至不顾后果、不分轻重地做出种种对抗行为。

这种逆反心理表现在学习上可能会出现以下现象。

（1）质疑甚至是否定传统的道德理念、审美倾向、价值取向等。有些大学生听不得宣扬传统观念方面的内容，他们对此极度反感，并且会不顾场合、不加掩饰地表现出来。

（2）怀疑信仰的力量，反感正面宣传，甚至表达出"反崇高"的倾向。

有些大学生对社会、学校的一些正面宣传表现出一种不认同的态度,他们并不信任这些宣传话语,并对所宣传的理念表现出嗤之以鼻的态度。他们认为在学习上付出太多是愚蠢的行为,根本无法改变命运的不公平,为了证明自己的观点,他们往往会举出一些极端个例。

(3)对不良倾向的认同与赞许。有些大学生认为那些违反纪律、寻衅滋事的人"有勇有谋有个性",对这样的人大加赞许,而对热爱学习、刻苦努力的学生则加以鄙视,认为其只会死读书,有些甚至讽刺、挖苦,形成"正不压邪"的不良风气。

在青春期的大学生身上产生这些逆反现象的主要原因是大学生在生理上和心理上都处于迅猛发展期,情绪更加敏感躁动,外界的一点风吹草动都可能在他们心里掀起一场大风浪。遇到挫折,他们常常会产生抵触情绪,这些都为逆反心理的产生提供了生理基础。在心理上,大学生的抽象逻辑思维和逆向思维进一步为逆反心理的产生提供了心理基础。与此同时,大学生的自我意识逐步觉醒,他们的脑海中开始有了社会责任的意识,对周围环境变得越来越敏感,表达欲望也变得越来越强烈,但由于大学生还未形成正确的三观,独立思考的能力有所欠缺,导致他们常常会受到不良情绪体验及"经验"的影响,对好的意见全盘拒绝,对坏的思想不加分辨地都吸纳,对父母、教师的教导越发抵触,对一些反崇高、反信仰的所谓的个性宣言无脑崇拜,长此以往,他们变得越来越叛逆,越来越令父母、教师头疼。这时候,家长和老师也不能过于焦急,要知道不当的教育方式只会令学生们越发心理失衡,甚至采取更激烈的言行去抵抗家长和老师的"压迫"。

要消除大学生的逆反心理,就要从大学生的生理、心理特点出发,采用他们比较容易接受的教育引导方式,来帮助学生走出学习逆反心理的困境。

第四节 大学生学习心理的维护

要消除大学生的学习心理困惑,培养健康、良好的学习心理,学校和学生两方面都要采取积极措施。学校应教育学生树立正确的人生观、价值观,建设良好的校风和学风,加强对学生学习心理健康的咨询、辅导、教育,帮助学生确立明确、合适的学习目标,培养其学习兴趣,通过开展学习经验交流会等活动加强对学生掌握科学的学习方法的指导,提高学生的学习能力和效率。

从大学生自身来说,要从以下几个方面来努力提高自己的学习能力。

一、树立正确的学习态度

俗话说,态度决定一切。要想学习好,首先得有个端正的学习态度。学习态度是指学生对学习的看法和情感以及决定自己行动倾向的心理态度。由此可以看出,学习态度是由对学习的看法、情感以及行为倾向三个因素决定的,其中情感因素是起决定性作用的因素。

有了端正的学习态度,还应该为自己的大学学习确立一个明确的长期目标和每个阶段的短期计划。目标是人们活动所追求的预期结果,是激发人的积极性使之产生自觉行为的必要前提。目标能指导人的行动,大学生进入大学后,中学阶段考取大学的目标已经实现,跨入大学后就应该给自己确立新的理想和目标,使学习的目的性更强,从而强化学习动机。这种新目标要结合自己的实际情况和大学的学习规律来确立,还应该注意长期目标和短期计划的有机结合。

二、掌握科学的学习方法

学习方法就是人们在学习过程中为达到一定的学习目标或具体目的,根据学习的规律作用于学习客体而采取的步骤、程序、途径、手段等。有了科学的学习方法,才能达到事半功倍的学习效果,所以说学习方法在学习过程中的作用是非常重要的。但学习又是一种个人的活动,大学生因个性特点、学科专业方向等不同,所采用的学习方法也各不相同。大学生可以从以下几个方面摸索和掌握适合自己的一套科学的学习方法。

(1)要认识大学学习的特点。通过自己的实践,逐步养成自觉学习的习惯,培养自己的自学能力。80%的大学新生都存在着学习适应困难的问题,这是因为大学和中学的学习特点不同。大学的学习以自学为主,而且除了学习知识,还要学会学习,学会思考,掌握自觉、自愿学习的能力。

（2）要克服学习方法的惯性。不仅要尽快改变中学时被动、死记硬背、听命于老师的学习方法,还要根据大学所学专业、课程、教学内容、教学形式、教学方法以及老师的个性特点,不断地进行调整以主动适应大学的学习。因为决定每个人学习能力的智力因素和非智力因素不同,因而学习方法也要因人而异。新生进校后,很多高校会组织开展学习经验交流会等活动来帮助新生尽快适应大学的学习,摸索建立科学的学习方法。听了学长学姐的介绍后,有些学生会去效仿,却发现不怎么见效或见效很慢。如果遇到这种情况就应该根据自己的实际情况尽快调整,以免耽误和浪费时间,挫伤学习的积极性和热情。

（3）要合理、科学地安排和支配时间。大学的生活除了学习,还有丰富多彩的校园文化活动和学生社团活动。如何在有限的时间里既能保证自己有效的学习和参加实践活动的时间,还能保证自己有充足的休息、娱乐、锻炼的时间就是摆在大学生面前的一个难题。在入学的最初阶段,应该把时间和精力集中在学好规定的课程上,要养成预习、复习的好习惯,抓住课堂教学中的听、讲、记笔记、练习、质疑的几个环节,学会利用工具书、图书馆等来辅助学习。还要处理好学习与工作、社团活动、体育锻炼、文艺活动以及休息的关系。这个过程要慢慢摸索,经过一段时间的协调、磨合,培养自己有规律的学习生活和习惯,就会逐步适应新的生活。

三、学习动机不当的自我调节

前面分析了学习动机过弱和学习动机过强都不利于学习。学习动机过弱,对学习持漠然态度,学习效率不可能提高;学习动机过强,处于高度紧张状态,学习效率也要下降。因此,要使学习活动卓有成效,必须保持适度的学习动机。对于这个问题,用耶基斯—多德森定律可以给予较好的说明。耶基斯与多德森的研究表明,动机强度与工作效率之间是一种倒"U"字形的函数关系,动机过弱或过强都会使工作效率下降,各种活动都存在一个最佳的动机水平。他们还发现,动机的最佳水平随任务性质的不同而不同。在比较容易的任务中,工作效率随动机的提高而上升;随着任务难度的增加,动机的最佳水平呈现逐渐下降的趋势。这就是著名的耶基斯—多德森定律(图3-1)。

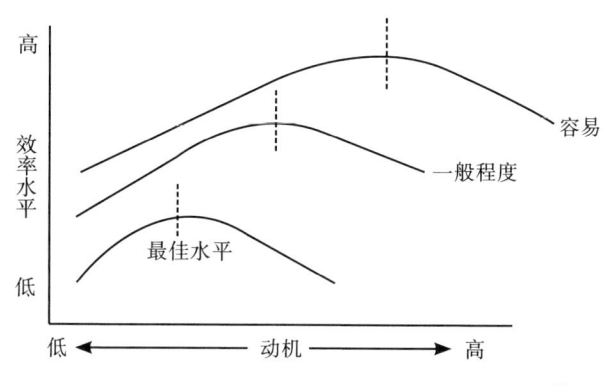

图 3-1 动机强度、任务类型与工作效率的关系[①]

耶基斯—多德森定律提示,在学习过程中,要将学习动机的强度与学习任务的难度相匹配,以提高学习效率。大学生应根据学习任务的难易程度,调整动机的水平以提高学习效率。

(一)学习动机不足的自我调节

大学生应正确认识学习的价值与大学的目标,根据专业培养目标规划学业与人生;应积极调整心态,以乐观向上的心态对待学习特别是学习中遇到的挫折与困难,用自身的意志战胜惰性;此外,还应该改进学习方法,提高学习效率与学业自我效能感,提高学业的自我价值与社会价值。

(二)学习动机过强的自我调节

大学生应正确认识自己的潜质,制定恰当的学业目标与学业期望,调整成就动机;与此同时,脚踏实地,循序渐进,不好高骛远;应转换表面的学习动机为深层学习动机,淡化外在奖励特别是学业成就的诱因,正确对待荣誉与学业成绩;此外,还应端正学习态度,树立远大理想,保持旺盛的学习热情,坚持不懈,便会取得预期效果。

---

① 卞西春,李淑娜.大学生心理健康教育[M].济南:山东人民出版社,2014.

四、焦虑的调适

（一）学习焦虑的调适

首先要明确一点：学习焦虑不可怕，主要是由过度焦虑引起的。只要把焦虑及时地化解，对长期的学业成就并没有太大的影响。紧张、焦虑是人面对困难时正常的反应。有时候，不善于调节就会引起异常。下面介绍几个缓解焦虑的办法供大学生学习。

1. 自省法

对学习内容、学习目标、学习过程进行重新审视；列出你现在想要的是什么，还有什么事情没有完成，学习到了什么样的程度，差距在哪里，怎样进行时间安排能够突破。明确从现状到目标应该完成的步骤是什么，制订马上可实行的计划，调整既定学习规划。这样能够有效地减少学习焦虑。

一般来说，任务完成时间过长，就有可能长时间看不到进展，也就是通常我们所说的"平台期"。如果是，可以尝试调适学习策略来实现自我的突破。

2. 目标分解法

焦虑主要的来源是对完成任务目标的信心不足。如果一个人对自己的信心不足，看到自己和别人的差距，或者害怕被别人赶上，也会害怕未来的考试，从而积累焦虑不安的情绪，引起学习动力不足。如果是这样，要学会目标分解，一步一步地达到最终目标。如果精力充沛的话，系统学习法可以作为一种速成方法迅速提升学习效率。从每天的学习中感到收获，就不会有太多焦虑了。

3. 身体调整

除了学习活动本身，还应反思一下自己的健康状况。是不是过于疲劳，是不是经常开夜车，是不是长时间坐着看书，是不是有失眠、多梦等休息不好的现象，是不是有低热、感冒的症状。这就是所谓的亚健康状态。这虽然由过度焦虑引起，但也是过度焦虑的形成要素。如果是这样，就要调整作息时间,改变疲劳战的学习方式,每天至少花一个小时来进行慢跑、健身、打球等体育锻炼。

4. 合理治疗

焦虑虽然不是严重的病症,但使用适当的药物来缓解紧张的情绪也是较好的做法。到学校的医务室,在医生或保健老师的指导下服用一些镇静类药物,同时辅助服用谷维素、泛酸钙、维生素 C 等。你也可以适当地强化补充营养。比如,服用营养均衡药物或调整饮食结构,多吃水果、蔬菜也能有效缓解紧张的情绪。

5. 自我肯定

应该树立一种信念,偶尔的焦虑现象是很常见的,但是需要尽快地释放压力。尝试着不要给自己太高的期望和要求。坚信只要坚持、有计划、日积月累,就能够成功。自己掌握方向和节奏,不要被环境干扰计划。保持快乐的心境,多培养兴趣、爱好来调节紧张的学习。适当的休息能更好地提高学习效率。

(二)考试焦虑的调适

考试焦虑调适的根本办法是从主观上缓解焦虑,下面介绍几个缓解考试焦虑的有效办法供大学生学习。

(1)充分地复习准备。80% 的人考试焦虑是由复习准备不充分引起的,因此牢固掌握知识是克服考试焦虑的根本途径。

(2)正确评价自我,确立恰当的学业期望,培养自信心。正确对待考试结果,不以一次成败论英雄;过于担心、焦虑不仅于事无补,而且还会影响水平的正常发挥。

(3)学会放松。放松有许多方法,我们介绍两种:一是身体放松。以舒服的姿势坐好,保持身体两边的平衡;用鼻子深深地、慢慢地吸气,再用嘴巴慢慢地吐出来;想象身体各部位的放松,放松的顺序是脚、双腿、背部、颈、手。二是想象放松。可以放轻音乐,自己想象在轻柔的海滩上,暖暖的阳光照在身上,赤脚走在海滩上,海风轻轻吹拂,听海浪拍打海岸,将头脑倒空,达到放松的目的。

（4）进行考前心理辅导。一些敏感、焦虑、抗挫折能力差、有心理障碍的学生在考试前可以寻求有针对性的心理辅导，以缓解其心理压力；学校对高度考试焦虑的学生进行集体辅导，使学生客观地认识自己，提高心理素质，增强自我心理调整能力，提高考试技巧，有效地化解外来压力，发挥出应有的水平。

第四章 大学生情绪维护研究

大学生的健康成长,与他们的情绪发展紧密联系。大学生正处在风华正茂的青年期,是情感丰富多彩并趋于成熟定型的关键时刻。因此,了解情绪的一般特征和规律,巡视大学生情绪心理发展过程的轨迹和特点,初步掌握有效调节、控制情绪的途径和方法,保持乐观向上,积极进取的健康心理,对于大学生正确认识和把握自己的情绪,不断丰富和陶冶情感,将自己造就成德智体美全面发展的合格人才,是十分有益和非常必要的。

第一节 情绪概述

一、情绪的内涵

所谓情绪是指人对客观现实是否符合自己的需要所产生的一种态度的体验。从这个简单描述中我们知道,首先,情绪是由客观事物引起的,客观现实是产生情绪的源泉。其次,情绪与人的切身需要和主观态度密不可分,是人对客观刺激的一种精神反应。另外,情绪随着客观现实的丰富多彩、主观需要的不断变化而呈现出多元化的特点。

在主体与客观事物关系中,不是任何客观事物都能引起人的情绪反应的。如车声、铃声在一般情况下,引不起我们的情绪体验,但当需要冷静地思考问题时,这些声音会使我们很烦躁与厌恶;而当自己在第四节课急切地盼着中午饭时,下课铃声会令自己特别高兴。同样,随着人的需要与客观事物之间的关系不同,人对同一客观事物就会产生不同的情绪体验。例如,同一首歌曲,我们休息时,听起来感到很悦耳,而我们正在紧张考试时,听起来会觉得厌烦了。

二、情绪的基本形式

人对客观事物的态度和体验是十分复杂的。因此,人的情绪也是纷繁复杂。我国古代曾把情绪分为"喜、怒、哀、惧、爱、恶、欲",即我们常说的七情。目前,我国心理学界把"喜、怒、哀、惧"视为情绪的基本形式,爱与恶属于情感范畴,"欲"是指欲望和需要,是产生情绪的源泉。每一种情绪其表示的含义是不同的,并具有一定的层次性。

喜,是一种愉快的情绪。表明人的需要获得满足而产生快乐的体验,快乐的程度可分为:满意、愉快、非常满意、狂喜。

怒,是当需要不能满足,为达到目标所做的努力受到阻挠时,会产生愤怒的情绪。愤怒的程度一般分为:不满、生气、愠怒、愤懑、激愤、大怒、狂怒等。

哀,是指当人的愿望不能实现,而且遭受一些意外的伤害和重大损失时,引起的一种情绪体验。悲哀的程度可分为:遗憾、失望、难过、悲伤、哀痛、绝望等。

惧,是由于面临或预感到有某种危险而产生的情绪。其表现程度也可分为:轻微的怕、恐惧、惊恐、惊慌。大学生中可能有的人有点怕高;有的人惧怕孤独;有的人见了蛇会惊恐万状;有的人上台发言会惊慌得不知所措。这都是不同形式的惧怕情绪。

情绪除了按以上的四种形式来划分以外,近年对情绪的发展研究以面部表情区分出十种基本情绪,它们是:兴趣、愉快、痛苦、惊奇、愤怒、厌恶、惧怕、悲哀、害羞和自罪感。除了上述基本情绪以外,人还具有许多复合情绪。像带有异常性质的焦虑、忧郁等,常是几种基本情绪的混合,如焦虑包括恐惧、痛苦、羞耻、自罪感等成分,忧郁包括痛苦、恐惧、愤怒、厌恶、羞耻等成分。

情绪按状态可分为以下几种。

(1)心境:是持久而微弱的情绪状态,可以形成人的心理状态的一般背景,心境有愉快、不愉快之分。

(2)激情:是强烈、短暂、爆发式的情绪状态,通常由突然发生的对人有重大意义的事件引起,如暴怒、狂喜、绝望等。

(3)应激:是人处在受威胁情境下,采取必要行为时或无力应付受威胁的情境时所产生的情绪状态。

三、正常的情绪反应及价值

人对周围环境较重大的变化,在大部分情况下都会发生一定的情绪反应,但是如何判断哪些反应可能是正常的,哪些可能是不健全的,正常的情绪反应对个体的发展和社会生活又有着什么样的重要作用呢?

（一）正常的情绪反应

在正常的情况下,情绪反应符合下列几个条件。

第一,它是由适当的原因所引起的。这就是说无论喜、怒、哀、惧,都是有其原因和对象,同时当事者通常能知道该项因素。"高兴"必定是为一个可喜的事情所引起;"恐惧"必定是为一个危险的情境所引起;"愤怒"则总是由一个挫折的情况所引起,而所有这些,当事者本人通常能知道为什么,周围的人即使不能立时察觉引起情绪的原因,稍后也常会接收他的解释。比如中了奖而兴高采烈,受了别人的侮辱而气愤,皆是十分正常的。

第二,健全的情绪反应的强度,应能和引起它的情境相称。前面已经提到,每一类情绪可按其程度划分为许多种。若是动物园的老虎跳出兽栏,人们为之惊骇逃跑,是很自然的现象,而若逃出的是只兔子,则不该有那么强烈的反应。获得了万元奖金和获得十元的奖券,虽都是可喜的,其喜悦的程度是应当有区别的。

（二）情绪的价值

情绪的价值体现在以下几点。

1. 对人的健康产生影响

时常保持愉快的心情对人的健康是有好处的,它一方面能改善人的内分泌失调的症状,另一方面也能保证人的神经系统活动的协调,有利于人的身心健康。而痛苦、恐惧、愤怒等种种不良情绪却会对人的身体健康带来极大的危害,长期处于抑郁心情下的人们罹患癌症的风险都比常人高。不良情绪会导致身体内部各器官功能紊乱,使得其不能协调工作,从而威胁人的健康,甚至导致人们患上严重的疾病。所以,俗语说的

"笑一笑,十年少;愁一愁,白了头"是很有科学道理的。

2. 对人的智力活动和智力发展产生影响

人的情绪是在认识过程中产生的,但又反过来影响认识。我们经常会感到,在心情良好的状态下,人才能进行有效的观察、记忆、想象和思维,在工作时,保持良好的情绪会让人的头脑更清晰,思维能力更强。而当人们心情低落时,大脑往往一片空白,反应也变得迟钝起来,往日层出不穷的灵感、创意这时候也彻底失去了踪影。

3. 对个性的全面发展产生影响

情绪甚至会影响到个体的全面发展。那些抱着乐观想法的人似乎总是顺风顺水,哪怕遇到困难也能及时解决,他们永远对生活抱有热情,对人生抱有希望,他们相信不管今天发生了什么,明天的太阳会照常升起。

而对于那些悲观者而言,仿佛整个生命里没有一丝温暖可言,好运气永远也落不到他们头上,这样的人不敢迎接挑战,遇到困难时,总会想到逃避。如此一来,他们人生碌碌无为、一事无成的概率似乎变得越来越大。

4. 对人际关系产生影响

人与人之间的关系,受许多因素的影响,而人对人的态度如何,则是影响人际亲疏关系的重要因素。相同的情绪反应能帮助人们互相了解,彼此共鸣,传递信息,培植友谊,建立起沟通、联结的纽带,使人们互相感染,互相接近,心理距离越缩越短。但是,倘若不尊重别人的人格,对他人缺乏真情实感,不关心他人的悲欢离合,甚至将别人当成自己使唤的工具,那只会把人际关系越搞越僵。

四、情绪、情感、情操的联系和区别

情绪、情感、情操是人对客观现实的一种特殊反映形式,是人们对于客观事物是否符合自己的需要(生理需要或社会需要)而产生的心理体验。情绪是与有机体的生理需要相联系的态度体验。情感是与有机体的社会需要相联系的态度体验。情操是理论化、系统化、复杂化的情感。

（一）情绪、情感、情操的联系

第一，具有一定社会内容的情感，它不仅能以强烈而鲜明的情绪形式表现出来，而且也可能表现为深沉而持久的情操。如中国女排在比赛中，队员们为国争光的情感和情操往往以激烈的情绪形式表现出来。

第二，那些与人的生物需要相联系的情绪，都可能由它所赋予的社会内容而改变它的原始表现形式，从而表现为情感、情操。

第三，具有高级社会内容的情操，它既可以表现为情绪，又可以表现为情感。总之，情绪、情感、情操是既相互依存，又相互转化的。

（二）情绪、情感、情操的区别

第一，含义不同。情绪大都与人的生理需要（吃住、睡眠等）相关，而情感是以人的社会需要为诱因的，情操则是以某种或一类事物为中心的，一种复杂的、有组织的情感倾向，它是情感的复杂化、习惯化、系统化。

第二，情绪比情感、情操更广泛。情绪是人与动物所共同具有的。当然，人的情绪与动物的情绪有着本质的不同，人类的情绪受社会，特别是生活方式和文化教养的制约。但是，情感、情操是人类主体所特有的。

第三，情绪常常是由当时一定的情境所引起的，并随着情境的变化而迅速变化，因而是不稳定的，它具有较大的暂时性和情境性。而情感、情操则较少受具体情境的影响，较为稳定而持久。

第四，情绪是人对客观事物是否符合需要而产生的原始的、低级的态度体验，它较之情感和情操具有较强的冲动性和外显性。而情感是人在社会实践活动中产生和发展起来的，它比较深沉、含蓄。而情操是一种高级的社会情感，是一种高级的态度的心理体验，它更具有深刻性。

五、情绪的存在形式及类别

（一）情绪的存在形式

1. 心境状态

心境是一种比较微弱、平静而持续时间较长的情绪状态。心境不是关于某一事件的特定体验,而是一种非定向的弥散的情绪体验,似乎在人的心理上形成了一种淡泊的背景。心境状态是由对人有重要意义的情况所引起的,会滞留在人的心理状态之中。如工作的顺逆、事业的成败、人际关系的好坏、生活环境的优劣、身体健康状况等,都会成为某种心境的原因。人对引起心境的原因并不都能清楚意识到,但它的出现总是有原因的。

心境对人的现实生活有重要意义。积极、良好的心境有助于提高学习和工作效率,克服困难;消极不良的心境使人厌烦、消沉。因此,应注意培养良好的心境,克服消极的心境。

2. 激情状态

激情状态是一种强烈的、爆发式的、短暂的情绪状态。激情往往是由意外事件或对立意向冲突所引起的。如暴怒、惊恐、狂喜、绝望等,都是激情的表现。从生理上看,激情是外界超强刺激;使大脑皮层对皮下中枢的抑制减弱,甚至解除,从而使皮下的情绪中枢强烈兴奋的结果。在激情状态下,人的认识活动范围往往会缩小,在短暂时刻,理智分析和控制能力均会减弱。

在现实生活中,我们应学会将积极激情与理智、坚强意志相联系,激励我们去克服艰险;同时,我们应注意用理智和意志去控制消极激情,不断加强自我修养。

(二)情绪的类别

情绪以其纷繁多样而使其有不同的分类方法。下面重点介绍三种情绪分类。

1. 我国传统的情绪分类

我国古代常把人的情绪分为"七情",即喜、怒、哀、惧、爱、恶、欲;近代研究中,常把快乐、愤怒、悲哀、恐惧列为情绪的基本类型;我国心理学家林传鼎于1944年从《说文》中找出9353个正篆,发现其中354个字是描述人的情绪表现的,按释义可分为18类,即安静、喜悦、愤怒、哀怜、悲痛、忧愁、焦急、烦闷、恐惧、惊骇、恭敬、抚爱、憎恶、贪欲、嫉妒、傲慢、惭愧、耻辱等。①

2. 克雷奇的情绪分类

美国心理学家克雷奇（Krech）等人把情绪分为以下4类。

（1）原始情绪：快乐、愤怒、恐惧、悲哀等。

（2）与感觉刺激有关的情绪：疼痛、厌恶、轻快等。

（3）与自我评价有关的情绪：成功的与失败的情绪、骄傲与羞耻、内疚与悔恨等。

（4）与他人有关的情绪：爱和恨两大类。

3. 伊扎德的情绪分类

西方情绪心理学家伊扎德等把情绪分为基本情绪与复合情绪。其中基本情绪是先天就有、不学而能的，又细分为基本情绪、身体驱力、感情认知结构倾向；复合情绪又分为基本情绪的混合、基本情绪与身体驱力的混合、基本情绪与认知结构的结合等，依此分类，复合情绪会有上百种之多。

第二节 大学生情绪心理的特点

一、大学生情绪发展特征

大学阶段是人的情绪充分发展的时期。作为青年中期的大学生，他们的情绪世界正日趋强烈而丰富多彩，产生了对自己行为的责任感和更严肃地对待生活的态度。归纳起来，大学生情绪的发展具有以下特点。

（一）强烈的跌宕性

大学生热情奔放，容易激动，有着丰富、复杂、强烈、有如"疾风怒涛"般的情绪世界。他们喜欢感情用事，遇事好激动，对自己认为不良的现象动辄深恶痛绝，对罹难者则多加恻隐之心；他们对外部刺激反应迅速、敏感，时而热情奔放、激昂慷慨，时而忧郁悲观，怨天尤人，高兴时

---

① 陈明忠. 大学生心理健康教育概论[M]. 北京：中国环境科学出版社，1997.

手舞足蹈,消沉时无精打采,苦闷时受鼓舞能精神振奋,兴奋时遭挫折则灰心丧气,喜怒哀乐溢于言表。在强烈的感情冲击下,可能会遇事武断,行为固执,不听劝告,我行我素。个别心胸不够宽广的人,甚至会走上轻生之路。

很多学生刚刚进入大学校门的时候,总是抱着骄傲自满的心理。他们经历过高考的洗礼后,发自内心地认为自己是受命运青睐的人,这样的心理状态使得他们的自尊心变得越来越强,凡事都争强好胜,不愿意落后于人。他们对未来充满幻想,而幻想中的自己,在未来一定会获得自己想要的一切。然而,在大学校园里待了一段时间后,他们才发现,自己并不是最优秀的那一个,而在自己身边,比自己优秀、比自己努力的人比比皆是。他们中的一部分,立马会陷入自卑的情绪中,仿佛过往的一切幻想都变成了笑话,这让他们苦闷不已,甚至出现情绪的大起大落。此外,女大学生一般比男同学更富于浪漫的想象力,她们经常在梦幻中编织着美妙的生活图景。然而,一旦进入真实的生活后,她们立马发现现实远远没有想象中那么美好,快乐总是短暂的,痛苦和挫折反而如影随形,这让她们感到压抑,眼前的世界也变得灰暗起来。

大学生的情绪是起伏不定的,正因为他们处于人生的一个特殊阶段,那些大起大落的情绪反而成为生活中的常事。他们时而睥睨天下,发出豪言壮语,时而自卑压抑,把自己贬低得一无是处。正因为他们的情绪不够平稳,头脑也不够冷静,才会时不时做出错误的决定,而某些错误的言行,甚至酿成一些严重的后果。

(二)鲜明的层次性

大学生情绪的发展是一个由不成熟到成熟、由简单到丰富的渐进过程,往往呈现出层次性和递增性的特点。一年级的新生,由于缺乏在新的环境中独立生活的思想准备和自理能力,往往思乡思亲之情很重,留恋中学生活及父母乡亲,经常想回家,集体观念较淡薄。大多数新生对自己能够跨进大学校门感到自豪和满足,难免有些飘飘然,个别人优越感达到顶峰,但对于迥然不同于中学时代的生活环境的变换、师生同学的更新、学习方式的改变等的不适应,又会感到茫然不知所措,自豪和满足中往往伴随着时隐时现的自卑和焦虑。因此他们特别希望得到别人的关心和鼓励。他们对一切充满了美妙的幻想和憧憬,随心遂愿地将生活理想化,对各种知识领域有广泛的兴趣,要求更多的个人自由和牢

第四章　大学生情绪维护研究

固的友谊,尤其需要坦率和诚实。但由于他们摆不正个人与社会、与集体的关系和位置,往往会使其行动表现得盲目自信和过于自负,对自己的自我认识和作用都缺乏系统分析的态度。

二、三年级大学生随着生活环境的熟悉和适应,随着年龄和阅历的不断增长,专业基础课和专业课的逐步展开,普遍存在着适应感、随意感和自信感。情绪一般比较稳定,既没有新生的激动和盲目,也不像四年级同学临近毕业时的紧张和忧虑。他们愈来愈变得比较复杂和有主见,强调自我独立性和自我表现的倾向开始突出起来。他们对周围的一切有所了解,集体荣誉感较强,热心参加各种社会活动,迫切希望在学习、工作等方面取得突出的成绩,期冀引起人们的关注和垂青。他们能够根据已有的知识经验和自身条件,有选择地吸收外界的各种影响,逐步克服自己的幼稚性和盲目性,学会较妥善地处理各种关系,较现实地设计自己的理想。[1]

四年级大学生经过几年的学习,大体掌握了教学大纲所要求的各种知识,世界观基本形成并有一定的深度,有一定的分析和解决问题的能力。他们的情绪趋于稳定,能够比较理智地对待和处理各种问题。但由于面临毕业和择业,精神上又处于一种紧张状态。概括起来,四年级大学生不同程度地存在着以下三种心理状态。

(1)紧迫感。觉得时间不够用,学习的自觉性、独立性更强,有强烈的成就感,迫切希望在德智体诸方面得到全面发展。

(2)责任感。对社会政治、经济生活中的重大事件更为关心,并与自己的未来的工作联系起来考虑,希望社会团结稳定、改革事业取得胜利。能够抓紧在校的有限时间,争取在政治和业务上再有所提高。

(3)忧虑感。担心学非所用,将来胜任不了所承担的工作任务;考虑未来工作单位是否理想,能否发挥自己的才能;担心自己选择的工作单位不满意而领导又不允许流动等。此外,四年级大学生不像其他年级大学生那样兴趣广泛,集体观念逐渐淡化,班级也出现松弛趋势。据此看来,从低年级到高年级,大学生情绪的波动性逐渐减弱,稳定性日趋增强。

---

[1] 陈文宝,王富君.大学生心理与辅导[M].北京:中国商业出版社,1994.

(三)明显的两极性

大学生情绪两极性的具体表现如下。

1. 既复杂又简单

大学生处于一个特殊的年龄阶段,当他们告别高中课堂进入大学校园后,身边的一切都变得丰富多彩了起来,信息的增多、视野的扩大、各种关系的延展深入令大学生的情绪领域也不断得以拓宽,情绪内容也变得越来越复杂。他们开始对社会公众事物产生兴趣,对理想、对事业、对爱情都有了新的理想,他们不断想尝试新鲜的事物,但其情绪体验却一直停留在一个相对简单的状态,尤其是高级情感体验存在一定的简单性。比如,有些大学生认为学习仅仅是为了赢得一份好前途,有的大学生认为爱情是生活的全部,有的大学生认为友谊则是"哥们义气",这都是片面、粗浅的理解。所以说,大学生情绪存在着既复杂又简单的特征。

2. 既强烈又温和

大学生的情绪是十分强烈的,他们可能会因为买到了一件心仪的衣服而喜出望外,也可能因为和舍友争吵了一句而愁眉苦脸,这样的现象在大学校园里是很常见的。同时,很多大学生的情绪是很细腻的,他们内心生长着很多"触须",对周围的一切都有着很灵敏的知觉,在与任何人交往时,都表现出谦和、恭谨的状态,给人留下君子或淑女的良好印象。

3. 波动与稳定共存

大学生的情绪经常是大起大落的,可能前一秒还垂头丧气,后一秒就欣喜若狂,此刻对老师所说的话极为敬佩,不久后却又对老师的教诲嗤之以鼻,不屑一顾。大学生情绪的波动性正体现在此。而大学生的情绪同时又存在着某种稳定性,他们往往十分固执,对某件事产生某个印象后轻易不会改变自己的想法,能够坚持自己的观点。

4. 微妙的隐蔽性

大学生的情绪不再像儿童那样天真直露,心口如一,也不同于一般少年一引而发,其表现具有文饰的、内隐的、曲折的性质。他们的心理往往带有闭锁性,即把自己真实的内心情绪世界封闭、伪装起来,不肯轻易吐露心曲、暴露秘密。对于自己内心的真实想法或真情实感,说还是不说,多说还是少说,甚至是说真话还是说假话,都要依时间、对象、场合而转移。在特别情况下,他们情绪的外显形式与内在体验并不一致,心口不一,让人不易把握其真实的思想脉络。为某件事情引起了强烈的愤怒之情,当觉得不便于直接表露时,便会努力压抑自己的情绪,告诫自己不宜轻举妄动,"打草惊蛇",表现出漫不经心、若无其事或无动于衷的态度。这是情绪自我调控能力增强的表现,因为社会生活有时候要求人们有自我调节和克制情绪的能力。当然,大学生情绪表现的这种状态并不是一贯的,与成年人相比,大学生毕竟阅历较浅,涉世未深,内心深处也存在希望被理解的强烈愿望,还比较坦露、率直,当意志不完全能控制情绪时,也会锋芒毕露,咄咄逼人。此外,在条件适当,遇到知心、知音、知己的时候,大学生的真情也会倾诉和表现出来。

二、大学生的情感品质

情感是每个人所具有的,但是各个人的情感却是不同的。大学生情感品质的个体差异主要表现在情感的倾向性(指向性)、情感的广阔性、情感的稳定性和情感的深刻性四个方面。

(一)大学生情感的倾向性

情感的倾向性是指一个人的情感指向和情感性质。这是情感品质的核心,也是评价情感价值的主要方面。情感的倾向性主要表现在原则性方面,表现在对理想、事业、前途的情感体验之中。情感的不同倾向具有不同的作用,如对事物有强烈的热爱的情感,可以增强事业心,就会在事业上产生追求的倾向。大学生的情感指向,总的来说是比较明确而积极的,有利于成长和成才。但也有一部分大学生的情感指向不明确,终日无所事事,没有目标,没有追求,甚至个别学生的情感指向是低级、庸俗的目标。

(二)大学生情感的广阔性

情感广阔性是指一个人的情感所体现的范围。它是与情感的狭隘性相对立的一种情感品质。有些大学生的情感极为广阔、丰富,对现实生活的许多事物都易于产生情感体验,而有些人的情感则很狭隘、单调,对生活中的许多事物都难于引起情感体验,甚至对什么事都无动于衷。

(三)大学生情感的深刻性

情感的深刻性是指一个人的情感在思想和行动中所表现出来的深度,是与情感的肤浅性相对立的一种情感品质。大学生情感的深刻性与情感的倾向性紧密相连。建立在共同理想、共同利益上的情感是深厚的情感。情感的深刻性还与认识的深刻性紧密相连,只有对真正认识并且深刻理解的理想、信念、思想、事物和人才会产生深厚的情感。情感的深度与情感的外部表现的强烈程度没有必然的联系,狂热和迷恋是一种浅薄的和轻浮的情感,事过境迁,情感也随之烟消云散。

一般地说,大学生的情感深度是不够的,深沉的内涵较少。情感深度是情感效能价值的前提,对大学生的成才发展有相当大的影响。

(四)大学生情感的稳固性

情感的稳固性是指一个人的情感存在的稳定程度。它与情感倾向和深厚程度有关。积极的情感指向和深厚的情感体验往往稳定而持久,不会轻易改变。有些大学生常常感到苦闷、空虚、无聊,其中一个原因就是情感的指向性不明确、不积极,情感的深度不够,因而情感的稳固性能较差。

第三节　大学生常见的情绪心理问题

大学生的生活总的来说是紧张的。一般认为适度的、情境性的负性情绪反应如考试中的紧张、焦虑,失恋后的悲伤等情绪是正常的。而异常的情绪或情绪障碍是指那些陷于某些不良情绪体验中不能自拔,或者体验的强度和持续的时间都超过一般人,严重妨碍了学习和生活的情绪反应。这些情绪反应既可以有一般的表现,也可以在各种以情绪障碍为主要症状的神经症如抑郁症、焦虑症、恐惧症中有突出的表现。由于大

第四章 大学生情绪维护研究

学生特殊的心理行为特征和情绪特点,使其情绪障碍主要有以下几个方面。

一、自卑

自卑是自我情绪体验的一种形式,是个体由于某种生理、心理上的缺陷或其他原因所产生的对自我认识的态度体验,表现为对自己的能力或品质评价过低,轻视自己或看不起自己,担心自己失去他人尊重的心理状态。

一般来说,大学生的自卑心理主要有以下几个方面的表现。

一是自我评价过低。这实际上是自卑的实质。表现在对自己的外貌、身高等,以及对学习、交往等各方面能力的评价上,认为自己明显不如他人。

二是超概括化或泛化性的特点。即由于自身某一方面的原因造成的自卑情绪容易泛化到其他方面,即使可能原来并不认为自己这方面比别人差,只是到了强手如林的大学后变得明显起来。联欢会上不太理想的表演,运动场上难以达标的考试,都会使一些学生觉得自己其他方面也落后于人。

三是过分的敏感性和掩饰性。具有自卑心理的大学生往往对自己的不足和别人对此的评价很敏感,常把别人与自己无关的言行看成是对自己的轻视。由于担心自己的缺陷被别人知道,因而常加以掩饰或否认,有时表现出较强的虚荣心。

四是回避性。具有自卑心理的大学生常采取回避与别人交往的方法来避免别人看出自己的缺陷和不足。比如有的学生宁可面对不关心集体的指责,也不愿参加认为自己不行的班集体活动。他们常把自己禁锢起来,从而产生孤独的体验,容易形成闭锁性的性格。

大学生的自卑感产生的原因是多方面的。一方面是由于外部环境的刺激,像适应困难,理想与现实的冲突以及学习、生活中的各种挫折;另一方面,是有其内在原因。从内在心理过程来看,自卑是大学生自我意识发展和自我评价不当的结果。由于自我意识的发展,大学生对自己的外貌、能力、自我价值、个性品质等各个方面,以及别人对自己的评价有了更多的关注。同儿童相比,他们更倾向于重新评价自己,寻求别人的认同,更关心自己是个什么样的人,应该是什么样的人,以及将是什么样的人。然而在自我评价中容易以偏概全,把失败看得过于严重。

应当指出,自卑并不总是一种独立存在的情绪状态,它时常和其他情绪一起出现,或作为某种心理疾病如抑郁症的一个症状而表现出来。克服自卑还要结合其所伴随的其他不良情绪来进行。

二、焦虑

焦虑是因遭受心理上的冲突或挫折而发生的一种紧张的、恐惧不安的、急躁的情绪状态。即预感到一些可怕的、可能会造成危险或需要付出努力的事物和情景将要来临,而又感到对此无法采取有效的措施加以预防和解决,表现出不明原因的忧虑和不安。严重的焦虑不但损伤生理系统,发生视线模糊、呼吸困难、心悸和血压升高,而且使人精神紧张,注意力不集中,甚至歪曲自我意识。大学生中的焦虑情绪主要有下列几种情况。

因适应困难而产生的焦虑。这是大学一年级新生中较常见的情况,有时突出表现在来自农村、山区及经济、文化比较落后地区的大学生身上。由过分依赖家庭的环境中,进入大学生活,面临现代化的生活环境和文化习俗的重大改变,学习方式的重大改变,需要自己独立安排自己的生活、学习,因而造成对新环境难以很快适应,对很多现象觉得不可思议,产生各种焦虑情绪。随着时间的推移,大学生各方面的适应能力都会增强,这种因适应困难而产生的焦虑也会逐渐减弱、消失。因此,大学生不应沉湎于此种焦虑的情绪体验中,而应努力改变自己,向老师和同学请教,积极地适应新的学习环境和生活环境。

考试焦虑。这是大学生中普遍存在的一种焦虑情绪表现,即通常所说的考试紧张,是由于学生担心考试失败或渴望获得好成绩而产生的一种忧虑及紧张心理状态。产生考试焦虑的原因主要有:一是对考试结果期望过高。尤其是参加诸如考研、考托福等重要考试,往往更加焦虑;二是缺乏自信。尤其是学习成绩较差的学生,担心遇到难题或灵活性较大的题目,信心不足,导致本来能解答的题目也不会做了。三是大脑疲劳过度。考试复习过分紧张,导致大脑过于疲劳而产生焦虑。实际上,考前轻松一下,精力充沛,考试结果会更好,遇到"怯场",先休息一下,使情绪稳定下来。另外,通过提高自己专业学习的能力或提高对自己能力的评价,或者把对好成绩的期望降低到适当的水平,都可以使考试焦虑有所减轻。

对身体过分关注而产生的焦虑。一种是对由于大学繁重的学习任务而引起健康水平有所下降,如失眠、疲倦等产生的焦虑;另一种是对遗精、手淫行为产生的焦虑,担心伤害身体、耗散元气。第一种情况,应该合理科学用脑,合理安排作息时间,劳逸结合,且不应沉湎于对自身身体状况过分关注。第二种情况,应该对遗精是正常生理现象加强认识,对手淫不必大惊小怪,采取积极健康方式转移注意力,而且医学认为,非过度的手淫对身体并不造成伤害,所以,改变对遗精及手淫不正确认识是克服此种焦虑的关键。

三、忧郁

忧郁是一种失望、无助、痛苦、悲伤的情绪体验。大学生忧郁的主要表现是情绪低落、意志消沉、兴趣丧失、反应迟钝、多愁善感、自寻烦恼,干什么事都无精打采,郁郁寡欢,对于不幸的遭遇过度敏感,对于可喜的事物却麻木不仁,经常处于苦闷和孤独状态。从心理学上分析,产生忧郁情绪的大学生大多数具有抑郁型气质的特征,一般表现为情感低落,自卑懦弱,多疑孤僻,缺乏毅力,在性格上属于内倾型。这种人一般适应环境困难,不善交际,感情冷淡内向,富于幻想而少实际行动。此外,长期努力得不到补偿而感到失望,或几经挫折屡遭劫难而缺乏思想准备和心理准备,也是造成大学生忧郁情绪的原因。忧郁情绪在大学生中以轻度表现为多。若及时调节,一般能够转化。但如果连续受挫并强度过大,而又没有及时调节,则可能失去战胜困难的勇气,没有控制悲观情绪的能力,缺乏弥补缺失的条件和机会,长年累月感到悲观绝望、自疚懊丧,孤寂自卑,消极怕事,思维杂乱,未老先衰,从自罪自责走向自暴自弃,以致失去生活的勇气,甚至走上自我毁灭的道路。这是应该引起我们高度警觉的。

四、嫉妒

大学生多数具有强烈的事业心和责任感,有坚持真理、勇于探索的科学态度,有刻苦钻研、开拓进取的精神等特点。这些特点决定了大学生比一般人更执着于知识、才能、名誉、地位、成就等,并以获得丰厚的学识、突出的才能、较好的名誉、较高的社会地位和事业上的成就为其奋斗目标。由于这些能为大学生获得较好的社会性评价,因而许多大学生由于对社会性评价的执着而程度不同地嫉妒别人,或因此而受到别人的嫉妒。大学生的嫉妒主要表现在以下几方面。

(一)嫉妒别人的学识和才能

一位大学生拥有丰厚的学识和突出的才能,便能获得好的社会性评价,因而容易引起另一些大学生的嫉妒。谁发表一篇有影响的论文,嫉妒者尽管连"豆腐块"文章也没有,也会说:"天下文章一大抄。""写文章无非剪刀加浆糊,何足奇?"或者故意贬低其学术价值,或者将其学术价值用稿费的多少来衡量。明明自己的才能十分低,却对他人的才能报以鄙夷轻蔑的眼光;明明自己做不来研究,却对他人的科研成果不屑一顾。

(二)嫉妒别人优秀的道德品质和好的社会声誉

道德是人区别于动物的根本标志之一。道德和才能构成人生的两大支柱。我国古代就曾以"立德"作为"三不朽"的永恒价值之一。与学识、才能一样,道德也可能成为嫉妒的对象。培根说过:德行不好的人,必然会贬低别人的这种美德,以求实现心理平衡。有人会认为,声誉看不见摸不着,大学生为此而嫉妒不大可能。其实,这是一种误解。声誉是社会对大学生进行评价的重要指标。如果一位大学生声名狼藉,会削弱其自身的存在价值和社会地位。不然,怎么会有人说:"×××即使在全校都出了名,在我们班里也是臭的。"相反,声誉好的人,则会受到社会舆论的赞扬,提高其社会地位。比如,在封建社会,"孝子"就是一种荣誉。获得"孝子"称号,不仅能受到官府的褒奖,也会得到社会的赞扬。然而,社会对"孝子"的褒扬,就会刺痛"逆子"的神经,逆子因此而对孝子产生嫉妒。《宁波府志》所载逆子王寄因嫉妒孝子董仲舒六世孙董黯而将其母亲毒打致死就是一例。

(三)嫉妒别人拥有更高的社会地位

大学生的地位取决于知识本身的地位。社会对大学生的需求,实质上是对其知识的需求。社会地位的高低,是其学识、才能、道德修养、社会声誉及成就的综合反映。追求社会地位是大学生的价值取向之一。积极探索、勇于创新以博取功名者;沉湎于自由佳境,在自己的专业范围内怡然自得地劳作,企盼结出硕果者;勤于思考,勇于探索,冷静自处,无意于"立言"和建树者,概莫能外。即使是后者,不也是为了"留得清白在人间"吗?于是,你积极探索,勇于进取,"邪冲"!你沉湎于自由佳境,在自己的专业范围内怡然自得地劳作,结出创造成果,"他专业选得好,我要学那专业,未必比他差!"

(四)嫉妒别人事业上所取得的成就

成就,在人本主义心理学家看来,是高层次需要。具有强烈成就需要的大学生,把个人的成就看得比金钱更重要。研究中攻克了难关,学习中解决了难题,从中得到的乐趣与激奋,超过了物质的激励。这类大学生事业心极强,注重现实,敢于冒险,因而也容易遭嫉妒。明明人家身处劣境而学有所成,硬说他是"生而逢时"。

(五)嫉妒别人优渥的物质生活条件

当今社会,正在"世俗化"。追求富裕的物质生活,是社会主义市场经济之必然。尽管古人有训:"君子妒贤不妒利。"然而,有的大学生由于家庭经济条件好,家庭对其在经济上的支付能力强,也成了嫉妒者攻击的口矢。别人的家庭明明是靠辛勤劳动所得,硬说人家是"钻政策的空子,占改革开放的便宜";国家对个别有发明专利权的大学生实行重奖,重奖会带来诸多后遗症!这不正是在我国有着广泛市场的绝对平均主义心态的表现吗?是的,从老子的"损有余而补不足",到孔子的"不患寡而患不均"以及历代农民起义者提出的"等贵贱,均贫富"的口号,无不反映了这种心态。

五、骄傲

这是一种认为自己了不起(什么都比别人强),看不起别人的情绪体验。青年大学生骄傲情绪的外部表现不像中小学生那样外露,而是一种内在排斥他人的心理状态,常常表现出对别人的讲话、作品、行动等不屑一顾,否定的多,肯定的少等。其直接后果是影响学习,人际关系淡漠,上进心削弱,自私心理发展,因此,要注意防止这种情绪的产生,既要肯定自己,也要看到别人的长处。"山外有山,天外有天",世界何其大,学海无止境,要虚心向别人学习自己不懂的东西,注意克服自己的骄傲情绪,才能真正成才。

六、挫折

挫折是个体从事有目的的活动遇到阻碍和干扰,以致使动机不能得到满足时产生的情绪体验。挫折会使人产生失望,失去自信和自尊,严重的可引起极度痛苦,情绪消沉或行为异常,甚至引起疾病。因此,要注意克服挫折情绪的消极作用,如一次考试失利后,可以认真总结经验,找出原因,奋发图强,下次考好,恋爱受挫后,可以把这种情绪升华到事业上,促进事业的成功。

导致大学生不良情绪产生的原因错综复杂,从心理角度分析,有如下三个方面的原因:一是不承认某种情绪性因素的存在,把受到困扰的情绪隐藏起来,最终引起心因性疾病。如《红楼梦》中的妙玉,虽对宝玉情意绵绵,但因自己是出家人,只得把自己的心愿和情绪深深地压在心底,不能也无勇气承认这种心理因素的存在;二是不能发现或查找产生某种情绪的原因,因而无法铲除产生这种情绪的根源。《三国演义》中的周瑜,虽智勇双全,但因不能正确分析客观形势,又不能查找自己情绪缺陷的原因,正确对待个性的冲动,终于经不住诸葛亮的"三气",兵败巴丘身亡;三是不能寻求适当的途径,克服某种不健康情绪的存在。正常人,对其出现惧怕事物的心理,会作细心的分析,了解其性质和危害,若发生悲伤、忧愁的事情,尽管作用常常会较长久,也会寻求出适当途径解忧,而情绪受困扰的人则无法主动做到这一点。南唐李后主(李煜)满腹幽怨,只能空喊几声"问君能有几多愁,恰似一江春水向东流",不但未能解忧,反而添加了更多的愁,这是不足取的。

第四节 大学生良好情绪的培养

大学生的生活总的来说是紧张的。社会期望高、心理压力大、学习负担重、竞争激烈,使情绪易处于紧张状态。一般认为,适度的、情境性的负性情绪反应,如考试中的紧张和焦虑,失意后的悲伤等情绪是正常的。而异常的情绪情感困扰是指那些陷于某些不良情绪情感体验中不能自拔,或者体验的强度和持续的时间都超过一般人,妨碍或严重妨碍了学习和生活的情绪反应。这些情绪反应既可有一般的表现,也可在各种以情绪障碍为主要症状的神经症如抑郁症、焦虑症、恐惧症中有突出的表现。不良的情绪情感的困扰,不同程度地影响了大学生的身心健康和发展。情绪情感和身心健康密切相关。任何情绪情感活动总伴随着生理的变化。控制和调节情绪情感状态对身心健康作用很大。大学生只有保持良好的情绪情感状态,才能保证顺利完成学业,为祖国的四化建设做出贡献。培养良好的情绪情感,就要注意情绪的紧张适度,表现适当,要培养乐观的生活态度和幽默感。

一、情绪健康的标准

大学生在平时的工作与学习中一直保持着健康的情绪,才能以更平稳的心境去迎接挑战,从而获得更好的发展。那么,什么是健康的情绪呢?一些心理学家对此展开研究。

著名的心理学家赫洛克提出,只有满足以下四条标准,才称得上健康的情绪。

(1)身心处于相对平稳的状态,一旦身体因繁重的工作、学习而变得过于疲劳时,自己能够调节这种疲劳感带来的不良情绪。

(2)对周围的环境能够起到一定的控制作用,而不是被环境所影响。做事的时候不会过分冲动,而是将所有的情况及后果都想清楚后再展开行动。

(3)因为种种原因导致的不良情绪不是会压抑,压抑只能带来毁灭性的释放,要懂得转变情绪、懂得用更舒缓的方式去释放压力,消解不良情绪。

(4)能够调查、理解社会。

日本青年心理学家关中文也对情绪健康的标准提出了自己的看法,总结如下。

(1)对自己有清晰的认识、客观的评价,一旦不良情绪产生时,能够采取温和有效的方法去控制和纾解。

(2)能够设计现实生活。

关中文强调说,想要拥有健康的情绪,平时一定要对自己的内心多加关注,努力融入现实生活中去,而不是在困难来临的时候想方设法地去逃避。同时也要珍惜时光,不让自己处于无所事事的状态中。

一般来说,情绪的目的性适当,反应适度,正性作用强是情绪健康的总的标准。拥有健康情绪的大学生一般而言有以下几种表现。

(1)始终保持着积极乐观的情绪,哪怕偶尔情绪低落,也能很快振作起来。

(2)失落、恐惧、悲伤、抑郁等不良情绪来临的时候,能够自主调节自己的心情,不让自己被负面情绪所掌控。

(3)情绪反应较为适度,极少大起大落。

(4)高级的社会性情感得到良好的发展。

二、情绪的自我调节方法

情绪的产生、情绪的性质以及情绪的强烈程度都与认知因素直接有关。所以大学生要学会对情绪进行自我调节,培养健康的情绪。情绪的调节在于:学会保持愉快的情绪,维护良好的心境;学会克制、约束某些不良情绪的表达。为保持良好的情绪,向大学生们提出如下建议。

(一)正确地表达自己的情绪体验

一些人认为,调节和控制情绪就是抑制和约束某些情绪的表达,这样就造成了一些大学生一味地压抑自己的情绪。实际上,比克制和约束某些情绪更重要的是,用恰当的方式和方法正确地表达自己的情绪,这也是情绪健康最基本的要求。那么怎样才算正确地表达自己的情绪呢?

1. 必须承认某种情绪的存在

例如有人惧怕黑暗,若要除去这种情绪反应,先得承认自己对黑暗有惧怕心理,如果他认为那是可耻的事,而不肯承认,那么他就无法去克服那种恐惧;同样有人对他人怀有愤怒之情,而又不能承认有愤怒的存在,他也将无法消除那种愤怒。对于其他各种情绪,情况也是如此,因此,要正确地表达自己的情绪,首先得承认自己正在体验某种情绪。

2. 适当的原因和对象,引发与之相适应的情绪反应

即当事人能明确喜、怒、哀、惧等情绪产生的原因,由此产生相应的

情绪类型。如弄清楚究竟为什么会有恐惧或者焦虑的反应。这样一来，我们就能更容易觉察自己情绪反应的适宜性。换句话说，就是我们有可能看清自己惧怕的事物是否确实具有危险性或威胁作用，看看那些令我们愤怒的对象是否果真妨害了当事人某些方面需要的满足，或者的确具有某些令人难以忍受的缺点，自己产生的情绪是否与原因相适应，也就是该高兴时是否高兴，该愤怒时是否产生了愤怒，有没有出现莫明其妙的、不明原因的情绪反应。

3.情绪反应与情境刺激要相一致

这里的一致性主要是指刺激强度要与反应强度相一致。过强或过弱的反应都是不正常的现象。如考试不及格对于每个上进的学生都是一个打击，但如果因此而出现寝食俱废，甚至轻生等情绪反应，就是反应过分剧烈了；如果考试不及格，有的同学却高兴得手舞足蹈，也是不正常的反应。一般情况下，人们把抑制情绪反应当作是理性的表现，但从心理健康的角度来看，情绪反应过弱也是一种不正常的反应，一旦出现笑不敢张口，哭不能流泪，怒不敢言语的情绪反应，对人的健康则是非常有害的。

4.情绪反应具有一定的时间限度

情绪反应一般是由环境刺激与人的认识状况协同作用所引起，并随着环境的改变与人的认识的变化而随之变化。如果环境的变化没有引起人们相应的情绪改变，则情绪可能产生了非正常的反应。如与同学的意见不一致，发生了摩擦，当时会产生极不愉快的情绪，这是正常的，如果随着时间的推移，过了若干年后，还在耿耿于怀，就是不正常的了。又如，失恋、亲人亡故，情绪反应可能很强烈，持续时间可能长一些，但如果因此无止境地陷于悲伤情绪中不能自拔，就有害于身心健康了。

(二)保持和创造快乐的情绪

对于情绪问题，人类不只是一个被动的承受者。作为万物之灵的人，不仅具有改变不良情绪的能力，更具有创造快乐情绪的能力。下面一些方法可以帮助人们保持和创造快乐情绪。

1. 知足常乐

知足常乐的秘诀在于把理想和需要定得切合实际,增加获得成功体验的机会。亚伯拉罕·林肯说:"只要心里想快乐,绝大部分人都能如愿以偿。"也就是说,只要你相信你的事情一定会成功,你个人的活动就能够发展和实现这些想法。世界上没有哪个人能随时感到百分之百的顺利与满意。正如萧伯纳所讽刺的那样,如果我们觉得不幸,可能会永远不幸。我们对小的烦躁和挫折的牢骚、不满、不安的反应,在很大程度上出于习惯。我们做出的这种反应已经"练习"了很长一段时间,就成了一种习惯性反应。也就成了悲观的人无法自拔的原因。

改变这种习惯性反应的最好方法就是提高自尊心。人的情绪常常是被外界或自己操纵的,我们先看一个例子,在一个电视节目里主持人竖起"鼓掌"的标记,大家就鼓掌;他又出示"笑"的标记,所有的人就都笑起来。观众像绵羊一样,告诉他们怎样反应,他们就顺从地做出反应。许多人常常也是这种反应,容易让外在事物和其他人来支配自己的感觉和反应,在等待某件事向自己发出"生气""不痛快""没办法了"的信号。这种方法轻易地使人认识到作悲观的奴隶有多可笑,从而积极地、乐观地对待事物,做自己的主人,培养乐观的习惯。

2. 创造快乐

快乐离每个人都不远,关键是看你是否善于去发掘它。善于创造快乐的人,一是善于用微笑去迎接困难,从战胜困难中寻找自己的乐趣;二是善于从身边平凡的琐事中发掘快乐,积极参与生活,体验生活乐趣。

第五章　大学生人际交往维护研究

大学生的人际关系是高校中人际关系的重要组成部分,是大学生在学习、工作、生活过程中结成的一种人际关系。当前,大学生人际关系总体是良好的,但由于有一些人存在以自我为中心、自卑、骄傲等心理,使得如何处理好各种人际关系面临着困惑,特别是宿舍人际关系。

第一节　人际交往概述

一、人际交往与人际关系

人际交往是人们在生活实践中通过信息传递、情感交流、思想沟通和物质交换等方式所进行的相互影响、相互作用的互动过程。人际交往的结果是形成人与人的心理联系,即人际关系。换句话说,人际交往是人们为了彼此传达思想、交换意见、沟通感情、满足需要等目的,运用语言、行为等方式而进行的相互联系的心理活动过程。人际交往是人类社会特定的社会现象。

人际交往的结果是形成一定的人际关系。所谓人际关系,是指人们在交往活动中建立起来的直接的心理上的相互联系。它主要表现为需要的满足与否、情感上的依赖与排斥、人与人之间的吸引与排斥、亲近与疏远、深刻与肤浅等心理体验状态。人际关系的状态一般表现为三种类型:和谐(友好)型、冷淡型和对立型。

总体而论,对于新时代的大学生来说,大多数人没有兄弟姐妹,放学后也就各自回家,这种状态实在没有提供多少让人能够实践如何主动结交同伴,如何与同伴沟通、谈判、妥协的机会。社会中的每一个人都生活在人际关系网中,每个人的成长和发展都离不开人际交往。

二、人际交往的构成要素

人际交往的行为因各人的交往动机与目的不同而具有丰富多彩的表现形式,但任何交往活动都有一些共同的构成要素。人际交往的基本要素是:信息的发出者、信息、信道、信息的接收者、反馈和干扰等。[①]

信息的发出者:指主动与别人沟通和交流而发出有关信息的人,即主动与别人交往的人。

信息:指信息的发出者传递信息所表达的内容。如向某人点头所表达的善意,语言所说明的某种情况,或传达的某种思想,或表明的态度、愿意与要求,赠送礼物所表达的某种情感等。

信道:指信息所赖以凭借的载体,即信息发出者所采用的能够表达信息的各种符号和能够传递这些符号的媒介物,主要包括语言文字符号及其媒介物(如说话、文字及作为载体的报纸、杂志、通信器材等)、无声语言符号(如表情、手势、姿态等)。

信息的接收者:指信息的指向目标,即接受信息发出者所传递的信息的人。信息的发出者将信息通过信道传递给接收者,同时希望接收者能对信息予以理解与接收,从而形成人际交往。

反馈:指信息的接收者在收到信息时对信息的发出者所给予的回应,如通过口头语言、点头、摇头、微笑等方式所表示的接受、同意、反对、有待商议等。反馈一般也是通过信道作逆向传递。一般来说,有反馈的沟通才是双向沟通和正常沟通,给予反馈和注意寻求反馈是实现有效交往的重要环节。

干扰:干扰指交往双方在信息传递的过程中所遇到的各种妨碍、遮蔽等导致信息失真的不良影响。引起干扰的物化因素有噪声、通信中的干扰信号等。非物化的因素主要指人为的因素,如文化背景差异导致的误解、语言障碍、主观方面的"添油加醋"或故意歪曲等。正常的交往必须克服各种干扰才能顺利进行,否则极易因误解而造成人际关系紧张。

在交往的过程中,每个人都可能是信息的传递者,或者是信息的接

---

① 彭小虎,曹建平.大学生心理健康教育教程[M].长沙:湖南教育出版社,2006.

第五章　大学生人际交往维护研究

收者,也可能既是传递者又是接收者。

三、人际交往的本质

人际交往是人的主要活动之一,可以说人除了睡觉以外,其余大部分时间都在与人交往,即使工作也需要与同事交往(或者说沟通)。家人、亲戚、朋友之间要保持良好的关系,也需要经常交往与沟通。那么,交往的本质是什么呢？

(一)人际交往是一个互动的过程

从上面人际交往的相关定义和交往过程的要素分析中,我们可以看出,人际交往作为信息传递、情感交流、思想沟通和物质交换的活动,离不开交往双方的相互影响和相互作用。假如只有信息的发出者(主动交往者),没有信息的接收者愿意与你交往,即接收信息,交往是不可能发生的。最典型的例子是恋爱活动中的单相思者,正因为缺乏信息的接收者或者信息的接收者拒绝接收信息,即被单相思者爱恋的人采取回避态度,所以恋爱活动无法进行,也就是交往没有发生或者无法继续。如果对方接受了,也就不存在单恋者了。由于作为交往双方的主体都是具有主观能动性的人,因此交往对象的回应影响交往活动的过程以及发展趋势。正如俗话说的一个巴掌拍不响一样,没有交往双方积极交往的意愿和积极、主动地参与交往活动,人际交往活动是不可能发生的。生活中,许多同学不明白这一点,总希望别人主动跟他(她)打招呼,而自己不主动跟别人打招呼,这样会产生交往活动吗？

(二)人际交往是一种相互沟通的过程

人际交往一方面需要双方的互动,另一方面,互动的实质在于沟通,因此有人把交往也叫沟通。交往过程是一个信息传递、情感交流的过程,对于传递的信息和情感需要双方的正确理解和有效反馈。没有真正的沟通也就没有真正的交往。能否真正地沟通,一方面取决双方有没有交往的意愿,另一方面更取决于双方的理解能力。如果对方不能正确理解我们传递的信息,或者对信息产生误解,我们经常会说与他(她)没有办法沟通。一旦不能沟通,交往起来就会非常困难。比如说,一个缺乏文科知识的理科同学与一个缺乏理科知识的文科同学,假如没有什么共同的兴趣爱好,没有共同的话题,一般而言,他们是难以真正沟通的,自然也就难以交往。人际交往正是借助于真正的沟通才能彼此接受、相互理解和共同提高,否则可能造成徒有交往之名,而无交往之实。

因此,在交往能力的培养中,我们要特别注意沟通技能的训练。

四、人际交往的心理效应

在人际交往中,大多数人在相同的情况下或对某种相同的刺激,会产生相同或相似的心理反应现象,它具有普遍性,也具有差异性。这种心理效应容易使人产生认知偏差,具有消极作用,影响人的正常交往,但是只要在正确认识的基础上科学地加以运用,对建立和谐的人际关系也会有积极的意义。

(一)首因效应

人与人第一次交往中给人留下的印象,在对方的头脑中形成并占据主导地位,这种效应即为首因效应。首因效应也就是我们平时所说的"第一印象"。

在人际交往中,第一印象非常重要,我们常说"先入为主",第一印象形成后,要再去改变它,就需要付出很多努力。两个陌生人第一次见面,对彼此的感觉,关系到他们日后会不会再联络、会不会再深入地交往。如果一个人希望多结交朋友,那么就要给别人留下良好的第一印象。

第一印象是交往的开始,在以后的交往中起到心理定式的作用。如果给人留下的是诚恳、热情、大方的印象,自然受人喜爱,别人也愿意与之交往。相反,如果留下的是虚伪、冷漠、呆板的印象,别人就不会愿意与之继续接触。第一印象有时并不十分可靠,一个人的道德品质、思想修养等内涵并不是通过第一印象就能把握的。以过早的表面印象来择人交友,一方面可能使那些伪君子趁机而入,给自身带来伤害;另一方面,也可能错失那些外表平庸而富有内涵的真朋友。

(二)近因效应

与首因效应相反,近因效应是指在多种刺激一次出现的时候,印象的形成主要取决于后来出现的刺激。近因效应也称"新颖效应"。随着时间的推移和了解的深入,首因效应的作用渐渐淡去,近因效应的作用却渐渐呈现出来。例如,一位学生平时表现很好,可一旦做错了事,就容易给人留下负面印象。一般情况下,对于不太熟悉的人,首因效应效果比较明显;而对于熟悉的人,近因效应会明显一些。

(三)晕轮效应

晕轮效应也称"光环效应",是一种以偏概全的认知偏差现象,主要指人们在与他人交往的过程中,常常从对方所具有的某个或某些特征出发,推论到其他方面特征的心理效应。[1] 在人际交往过程中,因为对方的一个优点或缺点而形成对对方的整体认识,就是一种晕轮效应。

晕轮效应常常会使人变得盲目,分不清对方的优缺点,得不到全面客观的认识,会给人际交往带来一定的影响。因此,人们在与他人交往时,要经常提醒自己,从较为客观的角度去评价他人,避免以偏概全。

(四)刻板印象

刻板印象是指在人们头脑中存在的关于某一类人的固定印象,或是对人概括、泛化的看法。实际上刻板印象就是对他人形成的成见。例如,有许多人常常认为,中国北方人性情豪爽、胆大正直,南方人精明灵气、善于随机应变;英国人绅士,德国人严谨等,这些都是刻板印象的表现。

刻板印象容易使人在不了解他人的前提下,不自觉地把人分门别类,导致对他人的认知产生偏差和错觉,以致无法做出正确的评价。但刻板印象也有一定的积极作用,那就是简化了人的认知过程。

(五)投射效应

在日常生活中,人们常常不自觉地把自己的观点、态度和欲望投射到别人身上,以为别人也具有相同的态度和体验,即投射效应。"以小人之心度君子之腹"就是典型的投射效应。

投射效应也会对人际交往造成不良影响,其实质是忽视个体差异,以为别人和自己愿望相同,喜好相同,结果造成许多误会。有的同学自己喜欢某人并视为偶像,认为别人也喜欢,当发现周围朋友持不同意见

---

[1] 王文科. 大学生生命与心理健康教育[M]. 北京:北京理工大学出版社,2020.

的时候就生气;有的人猜疑心比较重,常常觉得大家在背后说自己的坏话,其实是因为自己常常在背后说三道四,所以认为别人也和自己一样。

以上这些效应都很常见,往往对人际交往产生影响。大学生在日常生活、学习过程中,如果觉得自己的人际交往有问题,反思是否在不知不觉中因受到这些效应的影响而出了问题,以避免对自己和他人造成更大的伤害。

五、大学生人际交往及其意义

人类的交往是人的一种本能行为。大学生正处于个性成熟期,正常的人际交往对于了解和丰富自我,促进身心健康是很重要的。

(一)正确认识自我和他人,学会为人处世

我国的中小学生由于升学压力大,一般习惯于专心苦读,两耳不闻窗外事,对世事普遍缺乏必要的认识。由于考上大学所产生的天之骄子的感觉,使人容易对自我估计过高。而正确认识自我、评价自我,是一件很不容易的事情,正所谓"当局者迷"。所以,古希腊著名哲学家苏格拉底把"认识自己"作为终生为之努力的目标。个人的自我意识是通过人际交往,在与他人的相互作用中逐步形成的。我们只有通过交往,在与他人的比较中才能正确地认识自我,实现自我确认,如因发现自己的优点而产生自信感,发现自己的不足而虚心学习,迎头赶上。大学生在人际交往的过程中,要通过与各种类型的人的接触和交流,进一步认识人性;要通过学习交往对象为人处世的方法,一个人只有在大学阶段学会了为人处世,与交往对象形成了和谐的人际关系,毕业后走向社会,才能善于处理各种关系。因此,大学生必须重视通过人际交往来学会为人处世之道。

(二)展现自己的才华,培养和锻炼社会适应能力

大学生特别希望得到别人的理解、欣赏和信任,特别希望有展示自己的才华和专长、实现人生价值的机会,而实现这些愿望的基本途径就是人际交往。只有通过人际交往,才能展现你的为人、品质、才干和专长,别人才能确认你所具备的这些特点。同时,大学生只有通过学会与

不同人的交往才能真正发现不同人的知识水平、情感特点、兴趣爱好、个性品质,才能学会接纳别人,在接纳别人的同时也被别人接纳,从而使自己在适应别人的同时学会适应复杂的社会,为走向未来社会奠定人际交往的基础,从而培养和锻炼自己的社会适应能力。只有通过交往,我们才能真正读懂社会这本"无字之书"。

(三)促进大学生的全面社会化

人的社会化是指天生作为生物的人通过参与广泛的学习和社会活动而逐步成为社会的人的过程。换句话说,人的社会化是一个不断限制人的自然本性(特别是兽性)而不断发展人之为人的人性的过程。这是人一生需要不断努力的过程。

人的社会化是人在社会生活中,通过学习和掌握社会伦理、道德规范而逐步实现的。从某种意义上说,学校教育是人完成社会化最快捷、最有效的途径。但学校教育只是给了我们一些社会化的观念和思想,在学生还没有进入社会生产实践过程之前,人的社会化的真正转化只有在社会交往的过程中才能实现。

社会化的实质主要是要求人掌握在社会中要担当的社会角色的行为规范和行为模式,而大学生在人际交往中,在与不同的人交往时,其实就是在学会扮演不同的角色。

比如,他与老师交往时,他是学生,所以就应该履行作为学生应有的行为规范;而与同学交往时,他们就会觉得轻松自如,彼此平等相处;而与恋人相处时,他们就会有比与一般同学相处时更加亲密的行为方式等。如果没有掌握好行为模式,他们就会造成角色混乱,不知所措。如有的同学一开始与异性交往,还没有确定恋爱关系,就出现过分亲昵的行为,这容易造成对方的反感。这就是角色错乱的表现。因此,我们只有在与不同人的交往中,通过学会扮演不同的角色来体验和把握不同社会角色的行为规范和模式。

因此,人的交往范围越大、接触的人越多、内容越丰富、形式越多样,人的社会化进程也就越快。事实证明,大学生的人际交往是大学生在运用所学知识的基础上,全面完成社会化的有效途径。

六、影响大学生人际交往的因素

大学校园里,学生来自五湖四海,他们有着不同的家庭、文化背景,有着多样化的兴趣、爱好,有着不同的交友方式,这些差异是大学生产生知识、志趣等多样互补、互相帮助、互相安慰的心理基础。可以说,大学校园是一个最好的社交微环境,为大学生人际交往能力的发展提供了很好的条件。但是,也有一些因素会影响到大学生人际交往实现的顺利程度,以及人际关系的好坏。

(一)认知偏差

在人际交往过程中,大学生对交往对象和交往关系的看法与态度将直接影响到这种互动关系的性质和发展趋向。首先是对自己的认知,对自己的自我评价与人际交往中的自我表现;其次是对他人的认知。交往的过程是双方彼此满足需要的过程,如果只考虑自己的满足而忽视对方的需要,就会造成人际关系不和谐。

(二)性格障碍

影响大学生人际关系的不良性格特征主要有以下几个方面。
(1)固执、偏见。不愿意接受他人规劝,听不进他人意见,粗鲁、暴躁。
(2)待人不真诚。虚伪、浮夸,采取一切手段想获得好处,并以此作为与人交往的前提。
(3)孤僻、不合群。不愿与人交往,对人怀有偏见,态度冷漠。
(4)过分自卑。缺乏自信心,多疑,对他人的言行过于敏感。
(5)狂妄自大、自命不凡。好高骛远,自我期望值过高,同时又苛求别人。
(6)自私、斤斤计较。只关心自己的需要,不会为他人考虑。一点点小事都会怀恨在心。
(7)不尊重人。要面子,自尊心强,为了顾及自己的利益,不顾及他人颜面,言语上经常诋毁他人。

(三)缺乏交往技巧

人际交往能力的欠缺是影响人际交往的原因之一,而对有些大学生来说,则是主要原因。这些同学想关心他人,但不知从何做起;想赞美他人,可不知道怎么开口或词不达意;交友的愿望强烈,然而总感到没有机会;想调解他人的矛盾,没想到好心办了坏事;交往中想表现自己却出尽洋相;内心想表示温柔,言语则是硬邦邦的。这种人就是锻炼的机会太少,只要经常与人接触,就会掌握交往技巧。

第二节 大学生人际交往的类型与特点

一、大学生人际交往的类型

大学生相对于社会化的人有着较为单纯的生活环境,对于每一位大学生而言,学会与人相处伴随着宿舍人际交往、班级人际交往和职场人际交往的始终。

(一)宿舍人际交往

宿舍人际关系是大学生在校期间与舍友们在宿舍互动而形成的人际关系,可谓是社会人际关系的缩影,是大学生思想、行为和情感的具体呈现,可作为衡量大学生人际交往能力大小、心理素质高低及为人处世是否得体的标尺。通过调查显示,除去睡眠时间,大学生每天在宿舍的时间为 5.72 小时左右,所以舍友之间的接触和交往时间比较长,其关系融洽与否直接决定了他们一天大多数时间的心情是否愉悦。良好的宿舍氛围可以稳定情绪、补偿情感、锻炼意志、培养良好习惯等,有利于大学生身心健康成长;反之,不良的宿舍关系除了导致各种小误会、小摩擦,还有可能酿成悲剧。

可以说,宿舍关系是学生大学阶段最基本的人际关系,也是学生日常最基本的活动单位。关系融洽,心情舒畅,不仅有利于学生学习,也有利于学生的身心健康。倘若关系不和,甚至紧张,就会给学生的生活涂上一层阴影,带来一系列负面影响。

1. 宿舍人际交往的特点

宿舍是大学生的"第一社会,第二家庭,第三课堂",是大学生的"新家",是无形的课堂,宿舍人际交往具有以下特点。

(1)时空较近,矛盾相对集中。因为大学生在宿舍的时间较长,与舍友的接触机会较多,摩擦也会相应出现。

(2)约定俗成的规范不易保持。如宿舍卫生,有的同学爱整洁,相对做得多,有的同学大大咧咧,很少做,有的同学喜欢不打招呼使用别人的东西,有的同学喜欢开灯睡觉等,诸如此类的小事,日积月累下来便是矛盾的根源。

(3)宿舍成员的归属感。大学生在离开父母家人的庇佑后,希望宿舍会有家的温馨、安宁,希望得到舍友兄弟姐妹般的尊重和关怀,把宿舍当作在学校的"家",相对会有不同的期盼。然而个性和阅历的差异、生活方式和行为习惯的不同又会导致对宿舍生活不同的见解,小矛盾顺理成章地再现。

2. 宿舍人际交往的注意事项

作为宿舍这个"家"的一员,要保持良好的宿舍人际关系、保持温馨的宿舍环境,大学生应注意以下几个方面。

(1)提前规范宿舍礼仪。为避免日后矛盾,小集团的礼仪规范可以提前明确。

①协商作息时间。鉴于大学生的个体特性,每个人的作息时间不可能保持一致,但是宿舍作为大学生的大本营,应使每个人都有一个良好的休息环境。晚睡或早起动静太大,势必影响正常休息的同学,特别是在没有熄灯制度的宿舍更为明显。为了减少争执、消除摩擦、维持宿舍正常氛围,宿舍可以采取协商作息时间的方式。先进行两个小调查,如是否晚睡,是否对灯光敏感等,尽量统一起居时间,减小作息差距。

②协助搞好宿舍卫生。宿舍是"家",温馨、舒适是宗旨,搞好宿舍卫生当然也需要集体配合,如扫地、擦门窗、拖地板等公共卫生以及个人衣装整洁等,不能单靠爱整洁的同学充当宿舍清洁工。宿舍不妨制定内部值日表,督促每个成员履行义务。对于执行不到位的同学可进行惩罚,如罚扫地三天、交一定数额的罚款做宿舍费等,这样既能保证宿舍

清洁,又能增加乐趣,维护宿舍良好氛围。

（2）注重宿舍人际交往的细节。宿舍是最贴近大学生日常生活的地方,注重细节才能和谐相处。

①不搞"小团体"。在宿舍尽量对每个成员保持平衡,掌握和舍友相处的最佳距离。如与某一个人比较亲近,无论干什么都喜欢和某一个人一起,经常"咬耳朵",说悄悄话,这样容易造成其他舍友的不满和疏远,不利于建立和谐的宿舍关系。

②不逞口舌之快。大学生在学习之余经常有"卧谈""座谈"等交流,有些同学太好胜,总想成为焦点,这样会让人感觉不好相处。

③不触犯舍友隐私。每个人都有自己的秘密,对于舍友不愿说的事情,不要穷追探究,更不可随便乱翻别人物品,要懂得尊重别人。

④不拒绝帮助。有些同学在助人方面无可挑剔,但自己遇到困难时不愿轻易接受别人的帮助,这是心理的误区。苏特纳曾说过:"除'爱'之外,帮助是世界上最美的动词。"帮助他人可带来心理上的自豪感,接受别人的帮助可体会被关注的满足感,帮与被帮都能增加人与人之间的感情。

⑤不拒绝"小惠"。一般宿舍的行为都是比较随和的,如舍友之间会相互分吃一些水果、瓜子等零食,生日宴请等,有些同学会一味地拒绝,久而久之就会给别人以很遥远的感觉,别人也会"敬而远之"。所以,接受别人的礼物,说声"谢谢"等都是宿舍人际必不可少的方式。

⑥积极参加宿舍集体活动。宿舍活动不单纯只是小活动,还是舍友之间的感情投资,一个宿舍的集体活动可以从侧面反映出宿舍的团结程度。

⑦学会容忍,不斤斤计较。在宿舍生活中,不能万事"绝对公平",多扫一次地、多倒一次垃圾不算吃亏,自私的习惯都是长时间养成的,不要苛求舍友一朝一夕改掉所有的坏习惯。互相帮助,不计前嫌,这样的人生才会更开阔。

（3）学会化解冲突。舍友之间有时候会存在不理解、怀疑、误会、敌意等冲突,对宿舍人际关系有负面的影响。所以大学生在和舍友言语或行为上有冲突时,要学会控制自己的情绪,尽量减少舍友之间不愉快的发生。

（二）班级人际交往

班级人际关系是指班级同学之间相互交往过程中形成的关系，一般表现为同伴关系，对集体的形成和发展以及大学生个性的发展都有很大的影响。班级中的人际关系分为正式关系和非正式关系，正式关系由在组织形式比较明确的正式群体中的角色决定，如教师、班干部是班级的领导者。非正式关系在共同爱好或情感一致的基础上形成，如文艺爱好者、摄影爱好者、旅行爱好者等。因为班级中的每个成员都扮演着不同角色，班级对每个成员的角色都有一定的要求和期待，如"像个学生样""像个班长样"等，由此而产生角色意识。

1. 班干部应具备的意识

班干部是班级中做好学生工作的主力军，是老师和学生之间的桥梁和纽带，对学风的形成、文明集体的建设都起到积极的推动作用。班干部应该珍惜锻炼自我、提高能力的机会，发挥表率作用，承担班级责任，应具备以下意识。

（1）责任意识。班干部应树立服务学生的观念，积极主动了解学生情况，以学生为主体开展班级活动，为班级活动出谋划策，尽心尽力，不谋私利，平等待人。

（2）表率意识。班干部要起到模范带头作用，保持自身的高度觉悟性，对自己严格要求，但不能在同学面前摆架子，应淡化"官"意识，不搞特殊化，以此得到同学们的认可。

（3）服务意识。班干部应当把担任此职务看作锻炼自己、服务同学的舞台，团结同学，带领大家共建先进、文明的班集体。

2. 大学生交往类型划分

大学生之间的交往类型一般可以分友好型、对立型和疏远型。

（1）友好型。友好型指同学之间在心理上彼此相容、相互吸引，彼此之间表现为融洽、信任、亲密、友好等关系。

（2）对立型。对立型指同学之间在心理上彼此不包容、相互排斥，彼此之间表现为摩擦、反感、冲突等关系。这样的局面就需要大学生学会宽容，淡化他人的缺点，发现他人的优点，在人际交往上不要过分苛刻和挑剔，学会接纳别人。

（3）疏远型。疏远型指同学之间在心理上相互漠视,彼此之间表现为感情淡漠,很少交往,可谓"熟悉的陌生人"。这时就需要大学生打破人际寒冰,通过交流来增加彼此之间的熟悉度和心理交融程度。

（三）职场人际交往

即将踏出大学校园的毕业生,直接面临的问题就是职场人际关系。职场和大学校园有很大区别,许多毕业生不能很好地从校园人际关系的心态和习惯中转变过来,因此不免产生一些困惑和矛盾。

（1）学会与上司沟通。了解上司的核心价值观、职业目标、工作习惯、兴趣爱好等,学会察言观色、灵活沟通,提意见要态度诚恳、言语适度。工作中要认同整个组织,少许诺,多付出,赞扬而不奉承。

（2）学会与同事相处。常常微笑,与同事分享快乐;不要太争强好胜,主动多做杂务;不当众在领导面前献殷勤;遇事与同事积极沟通,注意自我反省等。这些都是职场必须学会的交往技能。

二、大学生人际交往的特点

随着社会的开放和进步,大学生的人际交往有以下基本特点。

（一）人际交往的需要迫切

由于大学生思想活跃,精力充沛,兴趣广泛、活泼好动,他们力图通过交往去拓宽视野,获得同伴的认可、接受、尊重、信任,满足自己多方面的需求,对人际交往的需要往往比成人和中小学生都更迫切。

（二）交往对象以同龄人为主

大学生学习、生活的环境决定了他们的交往对象是以同龄人为主。众多的交往机会,相似的人生经历、共同的学习任务,使得大学生的交往对象更多地选择同寝室、同班、同乡等有相似背景的同学。交往的内容基本上围绕着共同的话题,如学习、考试、娱乐、思想交流、情感沟通而展开。也正因为这个原因,大学生的同寝室同学或同班同学的人际交往在大学生的学习、生活中的作用日渐显现。随着社会对大学生实践能力的要求不断提高,越来越多的大学生积极参加社会实践、体验生活,从而把人际关系向社会工作群体扩展。

（三）交往动机中功利性成分少而情感性成分多

大学生之间的交往更注重情感的沟通和交流，对其交往活动中的直接功利性动机一般不会持肯定态度。因为处于求学阶段，经济来源于家庭，因此经济方面的压力相对较小，交往中更注重精神方面的获益，往往带有理想主义的色彩。虽然如此，但这并不表明大学生不注重人际交往中的功利性成分。实际上，大学生人际交往中的功利性成分正呈上升趋势。

（四）大学生人际交往具有广泛性和时代性

随着信息社会的来临、计算机网络的飞速发展、现代化通信工具的普遍应用，当代大学生人际交往的广泛性与时代性特点显现无遗。以复旦大学调查结果为例：有大约一半的学生认为"以寝室为中心"是最有效、最现实的社交方式，而在另一半的学生中，"社会工作"和"QQ"等新兴网络社交占了主导地位，远远高于"好朋友为主的小圈子型"传统方式。这一结果表明，网络人际交往在大学生的交往活动中所占的比例正在逐渐上升，这是当代大学生人际交往的一个重要特征。

第三节 大学生常见的人际交往问题

人际交往是一种非常复杂的动态过程。良好的人际关系像春雨甘露一样滋润着大学生的心灵，使之健康快乐地成长。大学生普遍渴望与他人交往，渴望得到友谊。但是，许多同学常常因为不能如愿而产生挫败感。在生活中，大学生经常会遇到以下人际交往问题。

一、人际孤独

有些同学感觉自己是茫茫大海中的一叶孤舟，处于孤立无援的境地，他们害怕交往，把自己封闭在自己的圈子里，独自体验着无尽的孤独。孤独感是一种与世隔离、孤单寂寞的情绪体验，心理学中把这种心

第五章　大学生人际交往维护研究

理状态称为心理闭锁。我们人类本不是孤独的生物体,而是"社会性动物",所以人类最怕孤独,对孤独有一种本能的恐惧。于是,我们想尽办法来克服和驱除孤独,多与人交流,多与人沟通,多结交朋友,让我们的生活丰富多彩,希望孤独没有机会占据我们的生活。但是,有时这种感觉无论怎样也驱除不掉,因为只要我们能够感受到自我的存在,感受到生命的存在,就会有孤独感的存在。它是与我们人生始终相伴的一种体验。同时我们也可以看到,并非所有的孤独感都是不利于我们自身的存在与发展的。有时正是因为处于孤独的体验中,我们对人生、对世界才能形成自己的感悟。这种状态,我们称之为享受孤独,这种心态不但对我们的身心没有负面影响,反而会促进我们的成长。而另一种孤独,则是我们都想极力逃避的,那就是孤单无助、寂寞难耐、心态冷漠的感觉。这说明你处于一种不愉快的体验中,需要做出些改变,来改善自己的心理状态。

(一)人际孤独的表现与原因

有的学生感觉自己在这个世上孤独一人,没有人能够理解、支持自己,和谁都没有共同语言;有的同学在人数众多的热闹场合,却感到自己依然是孤单一人;有的同学担心因为长相不好,或者家庭条件太差,而遭到同学们的拒绝,不敢与同学交往,终日独来独往,封闭自己等。孤独感是一种主观体验,孤单并不能称为孤独,朋友少或没有朋友的人并不一定认为自己孤独;相反,有很多朋友的人可能会感觉自己很孤独。在人生的不同时期都可能产生孤独感,而青少年时期和老年期特别容易出现这种体验。那么,为什么会这样呢?

1. 主观因素

(1)独立意识的增长。在人一生的发展过程中,高中阶段是非常重要的时期,在这个过渡时期,学生们从不成熟走向成熟。在这期间,他们掌握的知识日渐丰富,接触的社会实践也日益增多,对社会、对人生,都慢慢产生了自己的看法,但这些想法可能与父辈的思想并不相同。这时,为了维护与验证自己的想法,便开始疏远父辈。但现实又让他们产生不安全感,为了走出这种困境,多数人竭力寻求与同龄人交往。然而在交往过程中,可能会出现一些关系处理不当,或者感觉依旧没有人能够理解自己,找不到自己想要的朋友;或者由于某些已经存在的心理问题,而使他们在同辈交往过程中退缩。反叛父母的思想,在与同辈的交往过程中受挫或者不满意,找不到与自己有共同语言或情投意合的朋友,最终只能转向自己,与自己沟通交流,陷入深深的孤独之中。

（2）自我意识的发展。在大学阶段,学生的生理与心理发展已接近成熟,自我意识也逐渐强大起来,已基本能正确进行自我观察、自我评价和自我调控。他们常常会产生关于自己的许多独特的想法和憧憬,既发现自己心灵中的美,也发现自己丑陋的一面。随着慢慢长大,个人隐私也逐渐增多,为了保护自我,于是在自己与他人之间构筑出一道"城墙",封闭自己内心的秘密。独立意识是一种向外的力量,自我意识是一种向内的力量,它们会同时作用在青少年的身上,当这两种力量出现失衡时,则容易导致孤独感。

2. 客观因素

每个人的成长经历不同,有的同学由于自己出生或成长环境不好,会产生自卑心理,而有意疏远其他同学；有的同学因父母不和或离异,性格有点怪异,不合群；有的同学家庭条件好,或者因为自己学习好,鄙视其他同学,认为其他同学都没有自己优秀,而孤芳自赏；也有的同学刚刚搬家,到新的环境里,朋友比较少,也会产生孤独感；当今社会,竞争非常激烈,有些同学为了在学习的竞争中获胜,担心在交往过程中,其他同学会得到他的学习方法、信息而超过自己,有意减少与其他同学的沟通、交流机会,也会产生孤独的体验。可引起孤独感的因素是非常多的,孤独感的程度也是不同的,有的可以随着时间的推移,环境的改变而得到克服,而有些严重的,则需要心理方面的帮助才能克服。

（二）人际孤独的心理疏导

孤独是一种消极的心理状态,所以我们要想办法克服它。大学生当发现自己处于孤独的状态中时,不必惊慌失措,可以从以下四个方面协助其进行自我调整。

1. 进行客观、恰当的自我评价

生活中,如果对自我不进行客观的剖析,那么对自我的评价可能是"唯我独尊",也可能是"妄自菲薄",这两者都是自我意识发展不完善的表现,只看到了自己的长处或短处,而不能客观、冷静、合理、辩证地看待自己。既看到优点,也看到缺点,才是对自我做出的真实评价。这样克服了自卑与自傲,也就跨出了走出封闭自我世界的第一步,相信自己一定能够超越孤独。

2. 理解人际交往的真正含义

由于现在的学生中独生子女较多,在家庭的成长环境中,自己一直都是中心,总是处于被关爱的地位,于是就不能理解别人,不懂得怎样去爱别人,或者未曾想过怎样表达自己对他人的关爱。在同龄人中间,大家都是平等的,你想要别人关爱,自己也要关爱别人,这样才能互相支持,互相帮助。明白了这一点,在交往中,就要学会开放自我,拓展自我心灵的空间。理解与接纳同龄人的同时,不自傲清高,也不自卑多虑,在学习以及兴趣爱好等各个方面,都与大家多沟通、多交流。同样,对待自己的长辈,也应持一种理解与接纳的态度,两代人之间虽然由于观念的不同存在着代沟,但沟通可以成为两代人之间的桥梁。有了它,两代人就可以互相理解,不伤害感情,寻求到解决问题的恰当方法。

3. 掌握一定的社交技巧和策略

心理学家对"人缘型"学生进行心理调查,发现他们普遍具有尊重人、关心人、乐于助人、真诚待人的个性特征;100%的被调查者认为结交知心朋友必须具有持重、耐心、忠厚老实、热情开朗、聪明颖悟、爱独立思考、能力强、谦虚等特点。所以,要注重这些方面心理素质的培养。还有,在社交中要善于自我心理调节,培养心理平衡能力;了解对方的心理特点,平和矛盾,多站在别人的立场上考虑问题。此外,还应该改正自己的不良习惯,培养良好的社交风度:说话和气,与人为善,行走从容,热情开朗等。还要学会劝说和谈判的技巧,创造心理相容的良好氛围,逐步提出要求,求同存异等。

4. 培养广泛的兴趣、爱好

为自己安排好丰富、有益的业余生活,让自己忙起来,充实的生活会让孤独无容身之地。大学生要充实自己,培养自己对学习的兴趣。大学是学生学习的黄金时期,如果把多一些的时间用到学习上就会少一些孤独感。此外,培养健康的业余爱好。这样既可以丰富自己的业余生活,排遣孤独感,又能学得一技之长。

二、人际敏感

人是有情感的,有时确实会因别人的出言不逊而受到伤害,但是,是否被伤害最终完全取决于你自己,如果你总是控制不住感情冲动,总感觉受伤害,那你就可能是过度敏感了。

(一)人际交往的表现形式

人际敏感的人在人际交往中常表现出自卑、心神不宁、浑身不自在等。人际敏感的表现形式主要有以下几种。

(1)交往有困难。这类大学生渴望交往,但由于交往能力有限、方法欠妥或个性缺陷、交往心理障碍等原因,致使交往不尽如人意,很少有成功的体验,他们往往感到苦恼,很希望改变社交状况。为此,有时不免感到孤独和无奈。

(2)交往平淡,缺乏知心朋友。这类大学生能与他人交往,但总感到与人相处比较简单,没有关系密切的朋友,多属点头之交,难以保持和发展良好的人际关系。这类同学多会感到空虚、迷茫、失落。

(3)与个别人难以相处。有些大学生的人际敏感只是针对某一群体或者是某一个人,他们可能是室友、同学或父母等与自己关系比较近的人,由于与这些人相处不好,常会影响情绪,进而影响与其他人的交往。

(二)人际敏感的原因

造成人际敏感的因素很多,除了一些生理的原因如身材矮小、面容丑陋、身有残疾外,基本上都是心理的原因,概括起来大体有以下方面。

1. 人格特征

有些人天生就对周围环境的各种刺激比较敏感,而有些人则比较迟钝。自卑的人也会相对比较敏感。他们由于过多地关注自己,总觉得自己生活在众人的关注之中,害怕在别人面前暴露自己的不足之处,所以,行事小心谨慎,退缩胆小,自然对别人的反应也关注过多。以自我为中心的人也可能会有人际敏感的问题存在。以自我为中心的人总是把焦点放在自己身上,凡事从自己的利益出发,事事为己。他们不顾忌别人的感受,却将别人带给自己的感受无限地扩大。对于别人的批评一点都不能接受,甚至发展到无中生有,认为别人都在故意针对自己。他们觉得别人比不上自己,但是又害怕别人对自己不利,所以对交往对象十分敏感,特别是对同性,对有一定竞争能力的人更是如此。有些大学生怀有猜疑心理,往往爱用不信任的眼光去审视对方和看待外界事物,捕风捉影,节外生枝,其结果只能是自寻烦恼,害人害己。还有些性格内向的大学生平时少言寡语,情感深沉,反应迟缓,冷淡孤立,或是过于自爱,过于重视自己的言行。他们往往倾向于把自己封闭于一个人的小天地中,其实内向的人同样具有强烈的交往需求,渴望与人愉快相处,只是缺乏主动性,期望别人主动亲近自己,在感情上包容、接纳自己。

2. 后天经验

后天的一些经验会增强一个人的敏感度。比如,一些不顺利或痛苦的经历。从小生长在一个缺少父母关爱的环境里,受到别人欺负或者是有被虐待的经历,都会使一个人变得很敏感,特别是对他人的反应敏感增加。这是人保护自己的一种防卫机制。我们知道,"一朝被蛇咬,十年怕井绳"。刚刚受惊的动物或者人都会对周围提高警惕,随着时间的推移,一般这种警惕和高度敏感会逐渐降低。不过,对于某些个体来说,这种经验的影响很深远,以至于他长期处于这样的一种高度敏感和警觉的状态,成为一个高度敏感的人。这样,他的心理状态会失去平衡,从而产生各种各样的问题。

(三)纠正人际敏感

1. 置之不理

其实,现实中你完全不必为别人的不恭语言或贬低之词而情绪低落、坐立不安或耿耿于怀,你的无动于衷正表现出你的修养和理智。你不需要太看重别人怎么说,你需要自信而有主见,别人的否定意见并不能真正否定你的价值,你的自尊依然,能力依然。只要你愿意,你完全可以不去理会别人的不恭或轻蔑而保持良好的心境。

2. 一笑了之

如果在你不满时,你就应向对方坚决表明你的不满,或不妨尝试讽刺对方几句,或用幽默的方式一语作答,一笑了之,这也是缓解气氛的良策。在面对难堪情况时,则可以心平气和地接受这种并无恶意的评价,简单地一句:"没你想象的那么严重吧!"这样你就可以控制局面而不让别人左右你的情感。

如果你碰到了很难堪的局面,如对方勃然大怒,破口大骂,你首先可以想到这是对方本身的毛病,而不是你的所作所为引起的,然后,不妨装出好奇的样子看着他们:"如此激动,你究竟怎么了?"

3. 忘记过去

事情既然已经发生过了,你的不愉快体验也开始滋生了,这时你可以采取认知作业的方法,把自己从伤心难过中拉出来。认知作业的方法大致可以分为四个步骤。

(1)停。立即停止不良心境的进一步发展,切断原有思路。

(2)问。仔细描述事件的发生情境、经过,抓住事件的本质,弄清事情的来龙去脉,扪心自问:我到底为什么不高兴?

(3)接受。做好思想准备,接受最坏的结果。

(4)在接受最坏的结果后,思考一下事情真的是那么可怕吗?最后得出的结论是:最坏的结果也不过如此,何况并不一定发生,我何必大惊小怪呢!

在现实生活中,有的大学生仅仅因为人际敏感就想与世隔绝,其实这种想法是不可能的也是很消极的,建立良好人际关系的意义对于大学生的成长具有非常重要的意义。

三、人际冲突

人际冲突主要是指两个或两个以上个体之间、个体与群体之间或群体之间在目标、观念、行为期望、知觉存在分歧时而导致的行为对立状态。人际冲突是一种矛盾的表现形式,其中存在的三个主题是"争执""消极情绪"和"干涉",当交流者之间存在言语、行为或思想的不一致时就会发生人际冲突。冲突主要表现为双方的观点、需要、欲望、态度、利益、要求等不相容而引起的争执。每一个大学生都要警惕自己陷入这种人际冲突中,因为它会给你的人际交往带来很大的麻烦,还会严重影响你的心理健康发展。

(一)人际冲突产生的原因

冲突的产生有很多来源和方向。根据冲突产生的原因和不同性质,其出现的速度和可预见的程度也有所不同。有时,冲突会沉寂相当长的时间,然后突然迸发;有时,冲突却没有任何征兆突然爆发。产生冲突的主要原因有误解、个性差异、观念差异、工作方式与方法的差异、追求目标的差异、对有限利益的争夺、文化及价值观的差异、工作职责方面的问题等。冲突可能是建设性的,也可能是破坏性的,可以分为个体间的冲突和群体间的冲突。其主要原因可总结如下。

1. 个性冲突

人的知识经验、思想、观念等方面存在很大的个体差异,并非每个人的思考、感受期望或行动都是一样的。有些人仅仅是"使我们不舒服",并不影响事情的进展和处理。个性差异可能导致冲突,但它们同样可以是创造性地解决问题的丰富源泉,将他人的认知与自己的观点相互融合,可能结出更加丰硕的果实,从而取得意想不到的效果。因此,当差异出现时,我们需要正确接受、尊重和学习如何利用这些差异。

2. 不同的价值观体系

人们有不同的理想、信念、信仰以及遵从不同的价值体系。他们的人生观可能不同,对人与事的是非、善恶、好坏评价存在差异,或者他们的道德价值观使他们朝着不同方向发展。由价值观体系的不同导致的冲突往往更难解决。因为,观念作为人们对客观世界的看法,是对事物的一种高度抽象的理解,是相对稳定的,观念一旦在人们头脑中形成就不会轻易改变。人们的知觉对于他们自己来说是非常真实的,即他们有时不会意识到他人对相同的对象或事件可能有与自己截然相反的观点。导致价值观存在差异的主要因素包括个体的成长经历、理解力、对情感的反应和固有的偏见。每个人的经历和期望不同,导致对事物有不同的看法。因此,要有效处理人际冲突,首先就应该了解自己的观念,保持清醒的头脑,以便对事物做出正确的判断。

3. 权威与影响力的冲突

在某种程度上,一个人在群体中的地位或社会等级对个体来说是很重要的。因此,当某人的地位受到威胁时,为了努力保持理想形象,与构成威胁的人之间就会产生冲突。同时,具有权威者未必是最有影响力的人,在同一团体中,具有不同影响力的两个人最容易引起冲突。

4. 双方沟通渠道不畅

因信息沟通受阻与意见交流受阻而产生隔阂或误会,进而引起人际冲突。

归结起来,人际间之所以发生冲突,通常是双方一起商讨事情或解决问题时,遇到了下列三种情形:其一,一方的利益受到威胁,双方之间存在利益冲突;其二,一方的行动与决议遭到对方反对;其三,双方所持的意见无法获得一致。

(二) 人际冲突的化解

应从满足双方需要和维护双方利益的角度解决人际冲突。根据需要或目标对本人的重要程度,人们应用不同的认知模式解决冲突。解决冲突的常见认知模式有五种:避开、忍让、协商、折中、强迫。

1. 避开

避开是指在发生冲突的情况下采取退缩或中立的倾向,把注意力从冲突中引开。当个体被要求对某一争论表示态度时,他往往推托说:"我还没有对这一问题作深入的了解。"冲突一方采取回避方式的目的是希望通过回避使双方都冷静下来,以便更好地处理矛盾。但有时候身体上的退缩不仅没有消除冲突,也没有真正处理冲突,由此可能会导致心理上冲突的感觉越来越严重。然而,在以下情况下采取回避的方式可能是有效的。

(1) 冲突的内容或争论的问题是暂时的,或是微不足道的小问题,不会产生大的后果或改变,不值得耗费时间和精力来面对这些冲突。

(2) 当发生冲突个体的实际权力与处理冲突需要的权力不对称时,采取回避的态度可能是比较明智的选择。

2. 忍让

忍让是指为了最大可能地维持双方的人际关系,而放弃自己的观点,避免冲突。采取忍让方式的主要目的是降低冲突双方的紧张度,因而其重点是看重冲突的感情面,而不是解决冲突的实际面。当目标对自己的重要程度不高,而人际关系对自己特别重要时,就可以选择忍让的方式,如家人之间、知心朋友等人际关系。因此,这种方式的成效有限。

3. 协商

协商是指双方都试图以事实或理由改变他人的态度或行为,尽最大可能满足自己的目标和维持双方关系以获得和解的方法。冲突双方愿意共同了解冲突的内在原因,分享双方的信息,共同寻求对双方都有利的方案,采用这一管理方式可以使相关人员公开地面对冲突和认识冲突,讨论冲突的原因和寻求各种有效的解决途径。

4. 折中

折中是指在冲突中采取放弃部分个人目标以求双方达成一致的方法。当目标和关系对个人都很重要时,双方不能满足自己的全部需要,就可通过折中的方法来解决冲突。

5. 强迫

当个人目标对自己非常重要时,个体将会全力以赴、不惜代价地实现自己的目标,常常运用身体或语言给对方以胁迫来达到目的,其行为特点是武断、不合作。

第四节 提高大学生的人际交往能力

一、建立和谐人际关系

从进入大学的那天起,就面临着许多新的人际关系:新的同学、新的室友、新的老师、新的朋友等。很多人对大学中的人际关系有过美好的想象,然而在新的环境中,人际关系的种种问题已成为困扰大学生的一个不容忽视的问题。很多大学生感叹:人与人之间怎么这么难处?其实人际交往有以下原则,只要掌握了原则,并加以实施,和谐人际关系便会产生。

(一)真诚守信

真诚守信是人际交往中最有价值、最重要的原则,它是一张无形的"名片",关乎一个人的形象和品质。"待人以诚而去其诈",诚信是做人的基本素养,也是社会文明程度的标志。古人云:"以诚感人者,人亦诚而应。"只有言实意真,才能换来别人的以诚相待;相反,偷奸耍诈,不讲诚信者,就不会有和谐的人际交往。只有彼此抱着心诚意善的动机和态度,才能互相理解、接纳、信任,使交往关系稳固和谐地发展。

(二)宽容大度

宽容表现为对非原则性问题不斤斤计较,能够以德报怨。在人际交往中难免会遇到不愉快的事,如果我们一味地挑剔和指责对方,甚至得理不饶人,就会让人际关系变得非常紧张。我们应该换位思考,学会原谅别人,尤其作为新一代大学生,要心胸宽广,气量要大,切不可斤斤计较,固执己见,原谅别人是美德,宽容别人是高尚,原谅别人的同时,自己心中也会充满美好。

(三)换位思考

换位思考是从对方的角度和处境认知对方的观念,体会对方的情感,从而理解对方处理问题的方式。这有助于我们控制情绪,避免冲动行事,破坏人际和谐。学会换位思考,特别是当我们的观点和态度与他人不一致的时候,能够站在对方的角度思考问题显得尤为重要。除此之外,我们也要懂得"己所不欲勿施于人"的道理。

(四)互惠互利

在人际交往中没有人愿意一味地付出,因此互惠原则是指交往双方在满足对方需要的同时,又得到对方的报答,双方交往关系因此能继续发展。如果一方只索取,不给予,交往就很难继续下去。一段关系的稳固发展,很大因素取决于这段关系能否满足双方的需要。

二、掌握人际交往的艺术与方法

人际交往是一种能力,也是一门艺术,大学生可以通过学习,掌握必要的方法和技巧,从而提升自己的人际交往能力。

(一)优化个性特征

人际交往中最大的心理障碍往往是个体自身不良的人格品质作用的结果,如自卑、羞怯、嫉妒等心理问题成为阻碍人们与其他人正常交往的拦路虎,而善于交往的人往往更多体现出良好的人格品质。

(二)学会倾听

许多人认为,在人际交往的过程中,一定要表达自己的想法、观点,这样才能达到沟通的目的。但事实上,有效的沟通往往是从倾听开始的。当一个好的听众,欣赏别人的表现,就是建立人际关系的一个好办法。有些人担心,别人说话自己不说话,表现的机会就给了别人,于是人人争当发言者,倾听者稀少了,反而更显珍贵了。

实际上,倾听是一种通过学习获得的能力,正确的倾听态度和有效的倾听技巧使人成为一名高效率的倾听者。

1. 倾听的态度

(1)耐心地倾听。让对方能够完整表达他的想法、观点和情感;没有耐心地倾听,无法了解事实,容易造成各种误解。只有感受到彼此尊重的沟通才会真正达到沟通的目的。

(2)专心地倾听。专心能让人很好地了解对方传递的信息,同时也表示了对对方的尊重。专心地倾听往往通过非语言行为表现出来,眼神接触、某种友好的脸部表情、某个放松的姿势等都能表达对对方的关注,增强对方的存在感,有助于建立亲密的人际关系。

(3)同理心。同理心使人产生共鸣,设身处地地去理解别人的感觉、需要、情绪和想法。当朋友向倾听者倾诉失恋带来的痛苦心情时,人们通常会安慰对方:"别哭了,想开点,以后找个更好的就行了。"但实际上,失恋的朋友听到这样的话,并不会觉得被安抚了,甚至会觉得倾听者没有理解自己,是"站着说话不腰疼"。大道理人人都懂,但是目前失恋的朋友更想获得情感上的支持。这时,表达自己对对方的理解就显得尤为重要。

2.倾听的技巧

(1)说话时注视对方,保持目光接触,不要东张西望。

(2)倾听的最佳时候是和朋友独处时,这样更容易让对方敞开心扉。

(3)面部保持自然放松的微笑,表情随对方谈话内容有相应的变化,如在适当的机会点头表示理解。

(4)不要中途打断对方的话,这样会让对方觉得你不够尊重他,从而影响信任。

(5)适时而恰当地提出问题,可以通过表述自己的意见加深谈话。

(三)把握语言艺术

"良言一句三冬暖,恶语伤人六月寒。"人际交往过程中最常用到的沟通方式就是语言交流。语言包括有声语言和肢体语言,前者是人际交往最主要的形式,后者作为有效的补充在沟通中占有非常重要的地位。有时,肢体语言更能传达思想,交流情感。

社会心理学的一些研究发现,在信息传递的全部效果中,肢体语言达55%,声音为38%,词语仅为7%。这表明,个体的声音和肢体语言要比说话内容更能影响别人。研究还发现,当语言符号和肢体语言符号所代表的意义不一致时,人们比较相信的是肢体语言,正所谓"身教胜于言教",好的肢体语言可以强化沟通效果,丰富信息沟通的内容;反之,则会降低表达效果,削弱使用者的形象。

1.学会说话

(1)学会用简练、流利、生动的语言,准确地表达自己的思想感情。

(2)言之有"礼"。大学生作为高学历、高素质的人,要学会礼貌用语,说话和气、谦逊,不恶语伤人,不强词夺理,不盛气凌人。

(3)学会说话的策略。根据时间、地点、场合、对象、事件等具体情况,以合适的方式如委婉、含蓄、模糊、幽默等达到一定的说话效果。

(4)根据不同情境,注意语音、语调、语速的变化,不千篇一律。如时而声若洪钟,时而窃窃私语,时而婉转动听,时而清脆悦耳,时而快速,时而缓慢等。

（5）学会赞美他人。"爱人者,人恒爱之。"真诚赞美他人,表达对他人的感恩和欣赏,更能收获他人的赞赏。特别是对于内心自卑的人,一句由衷的赞美能使他们内心充满阳光。同时也使赞美者的形象迅速得到提升,从而使相互之间的关系得到升华。

2.善用肢体语言

（1）目光。眼睛是最有效地表露内在情绪的窗户,个体的态度、情绪、情感变化都可以从目光中反映出来。一般来说,目光大体在对方的嘴、头顶和脸颊两侧活动为宜,不能扫、瞟、盯、斜视等,而是自然地注视,且目光要随着谈话的内容恰当转换。

（2）面部表情。人的面部有数十块肌肉,可以做出上百种不同的表情,准确地传达出各种不同的情感状态,表现肯定与否定、接纳与拒绝、积极与消极、强烈与轻微等态度。所有表情中,微笑是最廉价也最宝贵的社交武器,几乎立于不败之地,人际交往中可以多多运用这个"法宝",促进双方关系。

（3）身体姿势。身体姿势是个体运用身体或肢体的动作表达情感和态度的身体语言,是非言语交往中最有表现力的途径。心理学家通过研究发现,身体姿势具有一定的文化差异性,在不同文化背景下,同一个姿势可以表达不同的意思,同一个意思也可以通过不同的姿势表现出来。图5-1中有些体态是全世界共同的身体语言。

（4）触摸。触摸被认为是人际交往最有力的方式,人在触摸或身体接触时对情感的体验最为深刻。适度的触摸可以让人感到放松、愉悦,同时会对触摸对象产生情感依赖。

（四）把握适度原则

1.适度的心理距离

心理学上有一种人际效应的法则叫作"刺猬法则"：冬天在一起取暖的刺猬因为靠得太近,会被对方身上的刺扎到;而离得太远,又觉得冷。于是刺猬会在反复多次尝试后,找到一个恰当的距离,这个距离既能让它们互相取暖,又不会被对方身上的刺扎疼。这个法则强调的就是交往中的"心理距离"。在实际的交往中,无论是建立亲密关系,还是自我表露,都要把握适度原则。

1. 好奇　2. 疑惑　3. 不感兴趣　4. 拒绝　5. 观察

6. 自我满足　7. 欢迎　8. 果断　9. 隐秘　10. 探究

11. 专注　12. 暴怒　13. 激动　14. 舒展

15. 奇怪、支配、怀疑　16. 鬼鬼祟祟　17. 羞怯　18. 思索　19. 做作

图 5-1　肢体语言[①]

2. 适度的自我暴露

除了交往的距离要遵循适度原则,自我暴露也要遵循适度原则。自我暴露是指个体在交往中主动向对方展示自己真实的兴趣、爱好、价值观、态度以及隐私等,它是人际关系深度的标志,向他人自我暴露的程度越高,彼此关系就越亲密。

但是,无论关系多么亲密,人们都有不愿意暴露隐私的权利,这就需要互相尊重,不能随意侵犯他人的私密领域,即使是夫妻间、父母与子

---

① 王文科.大学生生命与心理健康教育[M].北京:北京理工大学出版社,2020.

女间、好朋友间,也要给对方一定的空间。自我暴露必须适度,否则会弄巧成拙。自我暴露时,面对不同的对象和情境,说什么,说多少,说到什么程度,都需要适度。只有恰到好处的自我暴露,才能促进情感交流,亲密关系才能维持和发展。

第六章 大学生恋爱心理维护研究

恋爱在给人带来幸福和甜蜜的同时,也给人带来烦恼和苦涩。尤其是大学生,在经济尚未独立、人格尚未成熟的时候就谈恋爱,对恋爱双方的人生有可能带来不利影响。所以,重视恋爱中的心理问题是十分必要的。

第一节 爱情概述

一、爱情与恋爱

(一)爱情

法国著名作家雨果曾说过,人生有两次出生:第一次是在开始生活的那一天;第二次,则是在萌发爱情的那一天。伴着青春的脚步,爱情会悄悄降临到青年人身边。随着性心理的成熟,对爱情的向往与追求,爱情自然也会在大学生的内心萌发。然而,什么是爱情?大学生应如何对待爱情、追求爱情?寻求到这些问题的答案,将是每个大学生所面临的重要课题。

1. 爱情的内涵

爱情也许是人类一种最复杂最微妙的情感,人们用世界上最美的语言来描述它,说它是首诗、是首歌。爱情像涓涓的流水,爱情像巍峨的高山……古往今来,多少关于爱情的动人故事影响着一代又一代青年。伊萨科夫斯基认为:"爱情,不是一颗心去敲打另一颗心,而是两颗

第六章　大学生恋爱心理维护研究

心共同撞击的火花。"[①]恩格斯把爱情归结为"人们彼此间以相互倾慕为基础的关系……每个人的心中也许都有一个爱情字典,虽然答案可能各不相同,但有些显然是共同的部分,即爱情离不开男女之间的性爱,爱情是一种强烈的内心情感体验,爱情内含着深刻的社会内容等。

上面对爱情的定义可能引出大学生中的一些相关问题。

(1)没有结果的感情是不是爱情? 在大学校园中似乎存在着一种看法,即认为大学生的爱情是一种特别的爱情,它更纯洁、更真挚,但不一定以婚姻为目的。"不求天长地久,只求曾经拥有"的说法比较流行。

上面对爱情的定义中已表明,渴望对方成为终身伴侣是爱情的一个重要内涵,而现实生活中确实是爱情的结果不一定都走向婚姻。显然这涉及许多方面的原因,可能因为曾经相爱的人之间没有了爱,彼此分手,也可能是因为许多其他的理由使相爱的人不能走到一起。但是心存爱情的人,一定渴望与所爱的人在一起,渴望拥有对方。也许有人因为爱而远离,那可能是不得已而为之的无奈选择。爱情的特点是长久性,只是在每个具体的人那里,保持的时间因人因事而不同罢了。

(2)爱情会不会同时在几个人身上产生? 现实中可能有的大学生会同时面对几个示爱者,并对他们都心存好感。问题是爱情会不会同时在几个人身上发生呢? 从人类的本性讲,对几个人产生好感这是可能的,但是爱情则不同。爱情有其社会属性,爱情是一种特殊的人际关系,爱情具有排他性等特点。

2. 爱情的心理实质

在人类生活过程中,爱是一个永恒而复杂的问题,爱情作为人类的一种高级情感,并没有一个严谨的定义。恋爱是男女之间培养爱情的过程,而构成爱情的因素是丰富的、多元的、复杂的,现实生活中我们常常看到,沉浸在爱河中的人们有很多不同的表现,有的平静似水,有的澎湃热烈,有的亲密无间,有的若即若离,有的天长地久,有的稍纵即逝。美国著名心理学家斯滕伯格提出了"爱情三因素理论",揭示了爱情的本质。"爱情三因素理论"认为,人类的爱情虽复杂多变,但基本上是由三种成分所组成:亲密、激情与承诺。

[①] 王集杰,李潜,林萍.大学生心理健康教育的理论与实践[M].长春:吉林科学技术出版社,2006.

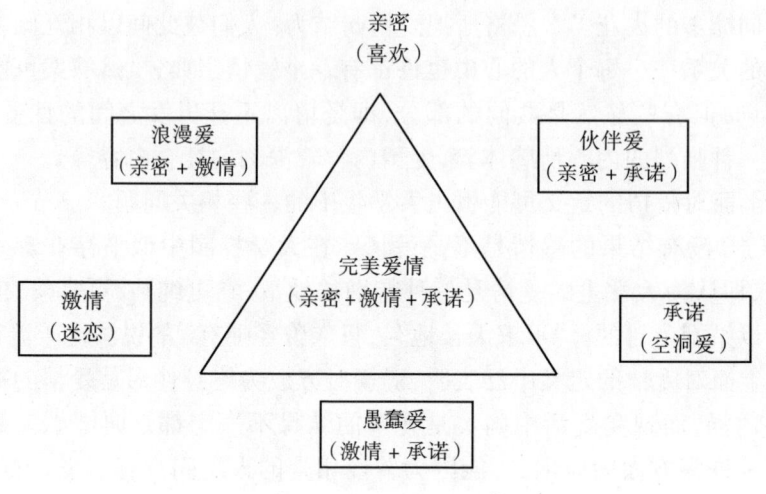

```
                    亲密
                   （喜欢）

     浪漫爱                          伙伴爱
  （亲密+激情）                    （亲密+承诺）

                  完美爱情
   激情         （亲密+激情+承诺）        承诺
  （迷恋）                             （空洞爱）

                    愚蠢爱
                 （激情+承诺）
```

图 6-1　爱情三因论 [①]

如果将"爱情三因素理论"的主张与色觉理论的三原论相比，两者极为相似。色觉三原论将红、绿、蓝视为三原色，按照三者不同比例的配合，即可产生出各种不同的颜色。爱情是人类心理上的色彩世界，每对情侣自己所调出的色泽如何，就要看他们如何处理自己的动机、情绪和认知。

首先，爱情的动机成分表明爱情有其生理的基础，由性驱力所致，包括身体、容貌。性生理的发育成熟，必然有性的冲动与欲望。爱情以人的生理成熟为基础。其次，爱情使人有强烈的情绪体验，幸福、快乐、痛苦、悲伤。情绪体验会有变化，有的激情澎湃，像热恋中的人，有的可能平淡。最后，爱情有理性的一面，不仅仅是情感体验、承诺、责任感是爱情的重要成分。每个人的三种成分所占的比例各不相同，就使我们看到了多姿多彩的爱情世界。

（二）恋爱

恋爱就是一对相互倾慕的男女共同追求、培育及实施爱情的过程。任何人的爱情都有一个发展交往过程。心理学家把恋爱过程分为以下几个阶段。

第一阶段：体会到异性的魅力。

从对异性的好奇，渐渐变成兴趣，进而发展为爱情，它是从对朋友的

[①] 李志凯. 大学生心理健康[M]. 成都：电子科技大学出版社，2017.

好感演变而来的。萌发爱情以后,时刻想念对方,总想和对方在一起,这就是恋爱的萌芽。恋爱对象具有的某种诱惑力,一般称之为魅力。魅力可增加双方的相互吸引力,但随着时间和空间的推移,真正的魅力不仅在于人的外表,更在于人的内在个性。

第二阶段:想象期。

一旦被某个有魅力的人所吸引,就会对这个人产生丰富的想象,如对方的专业、性格、家庭等都是想象的内容,而且想象的内容也逐渐符合自己的理想形象。不仅如此,还千方百计寻找与之接近的方法,如制造邂逅、请人牵线等。这一阶段也叫"单相思",而且为了不让别人知道,还故意装作外表坦然,所以不太会产生热烈的情欲。这一阶段的爱慕之心是容易改变的。

第三阶段:发生爱情。

丰富的想象之后,就会下决心向对方表白自己的爱慕之情。可是,要迈出这一步也并不容易,因为有很多担心和焦虑,例如,如果对方拒绝了怎么办?本想向对方吐露真言,但见了面又一句话也说不出,反而态度冷淡,事后又后悔。当机会终于来到,倾诉真情后,紧张感暂时消除,但与此同时,却又会提心吊胆、战战兢兢地注意对方的反应。表白爱情一般是男方主动,由于女性能靠特有的直觉预测男方的意图,所以事情往往进展得意外顺利。在这一阶段重要的是男女双方保持平常心态,开诚布公地交流彼此的想法。同时男女双方还可通过递纸条、写情书的方式,明确地向对方求爱。

第四阶段:确立爱情。

双方经过表白和接受对方的爱慕,相亲相爱的关系便可建立,双方立即亲密起来,一切事情都从与对方的关系出发着想,如想和对方永远在一起,总想为对方做些什么,力求按照对方的期望去做等。还会百般美化对方,甚至把缺点说成优点。同时会因讨厌第三者插入而对其他异性不屑一顾,此即所谓恋爱使人盲目。此时,恋人的赞赏有着很大的潜在力量,这种力量常被评价过高,并被视为珍品深埋心底,每当想起它时便充满幸福感。

随着恋情的发展而进入热恋期,拥抱接吻更加热烈,随之产生占有欲,认为对方只属于自己。这种欲望同男性的性欲是一致的,要求与对方发生肉体关系,以证明对方属于自己。为了达到这一点,男人会花言巧语,而女人会因为男人的甜言蜜语陷入喜悦和不安的矛盾心情之中。

在恋爱过程中,恋爱感情越深,相互的暗示性就越强。因此,双方都时刻注意对方的言行,一点点小事也要加以盘问,以此来检验对方的爱情,这种经常疑神疑鬼的心态很容易产生嫉妒。

第五阶段:成功或分手。

确立爱情后,有的男女青年可能达到以日后结婚为标志的成功境界;有的则可能经历另一个过程即分手。分手原因很多,有可能是各种外部条件造成的,也有可能是主观因素造成的,如父母反对、相互误解、第三者插足、个性不合等。

分手使很多人产生悲伤感、绝望感、羞辱感或憎恶感等。当双方感情难以长期保持下去的时候,恋爱双方应当采取"好聚好散"的心态来对待分手,尤其应当避免产生"不成情人便成仇人"的极端思想。

二、大学生恋爱的心理差异

(一)审美观的差异

一般来说,男子在选择女子时多侧重于优美感,较多地观察和要求女子的相貌、情感、姿态等,感性的色彩浓厚;而女子多侧重于崇高感,注意男子的身材、力量、才华等,理性的色彩浓厚。对于大学生来说,他们心目中的男性美和女性美的形象更加丰富生动。比如女大学生心目中的男性美,已从外在形象的英俊潇洒转向追求知识、品格、性情和力量的统一,既欣赏男子的内在力量,如刚强、进取、有才华,又希望男子有人情味,如温柔、体贴和细心。而男生心目中女生的最大魅力在于她的温顺、优雅之中富有韧性和坚强。

(二)追求爱情形式的差异

一般来说,男子追求爱情时往往比女子更主动、直接、大胆,并且付诸行动,不会追求的男子常常可能错失良机;而女子则能从对方微小的动作、瞬间的眼神中窥测男子心中的秘密,但由于受传统文化的影响,女子在爱情中往往比较被动、含蓄矜持,即使心中有了爱,一般也不会主动表示,宁愿等待,期待男子揭开这层神秘的面纱,最多设法暗示对方,男子如果未能及时采取行动,那么很有可能引起女子的错觉,认为对方无情,从而失去爱的机会。也就是说,女子渴望得到男子的爱,但往往只是期待,而男子强烈地希望爱女子,并且会付诸行动。对于大学生来说,男生主动追求心仪的女生也依然高于女生追求男生的比例。但不可否认的是,已经有越来越多的女大学生能够大胆主动地追求自己的爱情,这是社会的进步,也是女性自我意识觉醒、恋爱心理健康发展的必然趋势。

(三)承受爱情挫折能力的差异

爱情是美好又甜蜜的,但有的时候男女双方在交往的过程中,会产生摩擦甚至是分手。对待恋爱中的摩擦,男生较随和,他们面对矛盾和争吵往往比较坦然,一般会主动做出让步、认错,哄女友开心,不愿将矛盾扩大张扬,息事宁人;而女生则比较敏感多心,经常会为一点儿小小的不快就激动、不安,甚至哭泣。如果失恋了,虽然痛苦是难免的,对绝大多数学生来说不会因为失恋而丧失对生活的信念。但这方面,女生一般比男生更容易控制自己的情感,承受能力高于男生。女生一般会独自忍受失恋的辛酸,等待时间慢慢抚平心灵的创伤,而男生一般会急于宣泄自己的失落,容易走极端。

第二节 大学生恋爱的动机与心理特点

一、大学生恋爱的动机

(一)大学生恋爱的影响因素

恋爱是人的生理、心理年龄发展成熟的必然。大学校园是妙龄男女集中的地方,恋爱现象自然是难免的。大学生恋爱的主要动因有以下几个方面。

1. 由生理成熟决定的

大学生进入青春期后,生理的变化和对异性的兴趣,促使他们关心性方面的知识,因而把恋爱及将来的结婚与事业联系起来考虑,这属于十分自然的现象。只要是一个生理发育正常的人,都会有爱与性的要求。然而,大学生不是原始蒙昧状态的人,他们具有一定的文化修养,大多能意识到社会的责任、义务。他们的思想、言语和行动,都受一定的理性观念来支持。

2. 由心理需要所致

生理成熟是基础,随着生理的逐步成熟,大学生的心理也随之发生明显的变化。有很多社会的或心理的因素促使大学生谈恋爱或寻求爱情。一是出于孤独寂寞。"我感到心灵上的孤独,我总是想寻求温暖,我渴望爱情,需要一个知心人。"二是幻想爱情生活的浪漫情趣。这是大学生对爱情向往的一大特色。也正因如此,大学生往往把幻想当作现实,给自己制造了许多烦恼。三是为了满足虚荣心。找到一位美貌的女友或有才干的男友,是自己优秀的体现,虚荣心会得到极大的满足。四是害怕失去机会。机不可失,时不再来。五是认为爱情是一种动力。恋人双方都有互相鼓励对方搞好学习,相互促进的作用。并且情人的话产生的效果远远胜过其他人的话。谈恋爱是学习上不可缺少的动力。

3. 外界环境的影响

大学生无论有什么样的特点和个性,仍然是社会中的一员,社会上关于爱情的消极、积极因素会潜移默化地影响着他们对待爱情的态度。

（1）文学作品中情爱情节的刺激或外来文化的影响

大学生正处于爱情渴望期,稍经诱发,便不免春心萌动,按捺不住。为寻求性的刺激,一个冠冕堂皇的方式就是谈恋爱。一些大学生在接受专业知识的同时,也接受不少西方性文化观念,异性的交往和性的渴求被认为是自然的正常现象,谈恋爱也就成为天经地义的事情。

（2）校风、班风、高年级同学的影响

"近朱者赤,近墨者黑"。对于年轻好奇的大学生,身边小圈子对他们的影响是极大的。刚进校的低年级大学生,在高年级同学、老乡"善意"地引导下,开始行动起来。某大学外语系的一位女生说:现在反对谈恋爱的人极少,一个谈了,大家都很欣赏、羡慕,尤其是恋人们的亲密无间,使得暂且找不到合适对象或还没有人向其求爱的孤独者有一种危机感。

（3）受某些地方早婚现象的影响

有些地方的农村,早婚的风俗使大学生急于在大学期间找一个异性朋友,毕业后马上结婚。

第六章　大学生恋爱心理维护研究

（4）完成家长的"使命"

上大学前家长担心学生谈恋爱影响学习,总劝慰他们不要恋爱,等上大学再恋爱。有些大学生入学后真的开始遵家长之命积极"实践"了。

（5）走出校门找对象难这种舆论所致

大学生担心一踏入社会就进入"大龄青年"的行列,选择余地小,难以找到理想的对象,所以他们的心情更为急切。

（6）引导失误

很多学校对大学生谈恋爱都采取"既不提倡,也不反对"的模糊态度,缺乏必要引导,其实这是一种消极回避的做法。由于校方态度模糊,就给学生留下很大的余地,既然"不反对"何乐而不"谈"呢？因而,学生不求"提倡"但求"不反对"了。他们得不到必要而正确的引导,不知如何对待爱情,只有根据自然需要,盲目地去谈去爱。

（二）大学生恋爱的动机

大学生的恋爱动机是复杂多样化的,因此恋爱的类型多种多样。大学生恋爱动机主要有以下几种。

（1）身心发展的需要。这一阶段的青年学生渴望与异性朋友交往,性生理发育成熟,恋爱的愿望强烈,恋爱成为这一时期的情感需要。

（2）空虚寂寞的心理。大学生生活不再像高中时那样紧张、繁忙,压力也没那么大,课余时间也很多。部分同学会觉得没事做或没有感兴趣的事情,这样的学生容易感到孤独寂寞,这时候,有些学生就想到了用恋爱来填补生活的空虚。

（3）从众心理。在大学里谈恋爱的现象很普遍,看到周围同学纷纷坠入爱河时、听到大家在一起谈论自己的男女朋友时,个体容易受从众心理的影响,产生对恋爱的向往和需要,也纷纷加快了进入恋爱的速度。

（4）好奇心理。有同学在高中因为学业繁忙,被家长及老师监督,也为了高考的目标,大部分同学对恋爱敬而远之。而进入大学以后这些限制都不存在了,强烈的好奇心驱使大学生去尝试恋爱。

（5）目的型。也有部分大学生恋爱的目的是婚姻,想找一个志同道合的人,有共同的理想、价值感及信念,在恋爱中互相支持、激励、共同进步。

二、大学生恋爱心理的特征

(一)追求自由、浪漫的爱情

大学生在追求爱情和表达爱情的过程中有浪漫、狂热的生理心理特点。例如,进入大学后大学生的独立意识及个体意识增强,在恋爱问题上通常选择自己做主;每年毕业季,各高校学生浪漫求爱、表白的消息层出不穷。另外,大学生的恋爱相对单纯美丽,在恋爱对象的选择上更重视精神层面的契合,带有很浓厚的浪漫色彩。

(二)性观念趋于开放化

随着我国社会的现代化进程和改革开放,人们的性观念也受到了强烈的冲击,已有针对婚前性行为的调查研究发现:80%的大学生对此表现出宽容的态度,他们认为只要相爱就是可以理解的。大学生的思想及行为都表现出一些开放化的特征。例如,在大学校园里常常能见到相互接吻的情侣,且部分同学认为只要相爱,发生性行为是也很正常的,而没有谈恋爱的大学生对这些行为都采取了宽容的态度。

(三)恋爱过程中存在心理冲突

首先,在恋爱过程中失恋是很常见的事,是大部分同学感情经历中必然会发生的事,失恋对于大学生来说是个不小的挫折,有的学生不能适时地走出失恋的阴影,长期沉浸在其中;有的同学则能很好地处理好学业与恋爱中的冲突;有的同学较关注与自己性别相关的形体特征,担心自己的性功能,对正常的性心理感到困惑,对性冲动存有不安和压抑;有的同学则因为自己的婚前性行为、性观念及自我评价等方面的认识偏差,否定自己、否定生活,从而产生了身体及精神上的痛苦。而这些冲突或多或少地会影响大学生的身心健康。

(四)责任意识淡漠

大学生对大学恋爱大多持肯定、宽容的态度,认为恋爱只要不损害他人利益即可。但部分大学生在谈恋爱时责任意识淡漠。部分大学生恋爱动机不纯,有的可能把恋爱当作一种手段,把恋爱看作是展现个人魅力、排解寂寞,或是为今后的感情发展积累经验的手段等,这样的恋爱很容易伤害对方,也是对自己和他人感情的不负责任。虽然大学生在生理上已经发育成熟,但心理还没有完全成熟,在恋爱中可能会出现缺乏责任心和担当的勇气。

分析大学生恋爱心理的特点,针对这些特点,教育引导大学生在恋爱问题上持理智的、严肃的态度,摆正恋爱与事业的关系,保证身心健康发展,是具有重要意义的。

第三节 大学生常见的恋爱心理问题

恋爱、婚姻和家庭,是人生的重要内容,是人类社会生活的基本形态之一。对于当代大学生而言,回避这一话题显然是不现实的。

如何看待大学恋爱?该不该恋爱?在情感上受到困惑和挫折怎么办?对异性产生爱慕之心,这是人到了一定年龄感情的自然流露,特别是对于大学生来说,不是可不可以谈的问题,而是怎样克制或把握自己情感的问题。

一、大学生恋爱中的常见心理

大学生恋爱是一个复杂的心理过程。在这个复杂的过程中,每一个细小的环节都是心理反映的结果。下面对大学生恋爱的常见心理进行分析。

(一)审美心理

爱美之心人皆有之。大学生的恋爱也是一种对美的追求。美是具有时代特征的。过去,人们把"三寸金莲"看作是女性的美,现在如果哪位姑娘裹脚,一定被看作有怪癖。

美又是一种客观存在,爱情又以异性间的吸引为基础,所以,在恋爱中男女双方对美的审度往往在很大程度上同"生理效应"标准相联系。绝大多数男子都喜欢线条柔和、体态丰满、五官清秀的姑娘。绝大多数姑娘都喜欢体魄强健、肌肉结实、面廓分明的男子,这就是生理标准在起作用。

然而,人的审美是有个性差异的。不同的人对同一个审美对象会有不同的美学评价。如一个男生认为某个女生很美,另一个男生却可能认为这个女生很一般而不屑一顾。所以,美是相对的,而非绝对的。

大学生恋爱,不仅会考虑外在的特征美,而且更多地会考虑对方的行为美和心灵美。一般来说,行为是心灵的反映,可以通过其行为来判断其心灵的美丑。心灵的美与丑,足以改变一个人自然面貌给人的印象。一个长相很美的人,因为行为和心灵可恶,会渐渐地被看作十分丑陋;一个长相不美的人,由于其行为和心灵高尚,会渐渐地显得可爱。

这就是审美心理的辩证法。大学生恋爱中的审美要做到外表美和心灵美的统一,并且要把心灵美放到一个较高的位置,这样的爱情才具有坚实基础。

(二)择优心理

择优心理是大学生恋爱中普遍具有的心理,一般来说,交际广的同学择优心理强一些,自认恋爱条件较差的同学择优心理弱一些。应该肯定,大学生恋爱中对异性进行一定的比较、选择是无可非议的,问题的关键在于用什么样的标准去择优。不论是社会上还是学校中,由于择优标准偏差所造成的恋爱失败的例子是不胜枚举的。有的女子要求对方身高不低于一米八;有的男子把女方相貌俊俏、身材苗条作为必要条件;有的强调对方家庭条件和社会地位等,结果耽误了自己的青春。

当然,不是说择优不考虑外在条件,但过分强调外在条件,会冲淡爱情的感情内涵。正确的择优标准,应该注意内容和尺度两个方面。

就内容而言,择优主要看价值观、道德水平、情趣修养和性格个性。如果两个人在这些方面差异很大,没有相容性,即使别的条件再好,也无法建立幸福爱情。

就尺度而言,优是相对的,须同自身的实际状况相适应。把年龄、相貌、文化程度、经济条件等非感情因素都排除在恋爱过程之外,是不现实、不客观的。但提出要求要考虑自身的条件,不能太脱离自己的实际情况,否则好高骛远,势必会遭受失败。

(三)嫉妒心理

在恋爱中产生嫉妒心理是非常普遍的。当得知自己喜爱的人同其他异性关系密切时,一种难言的痛苦滋味涌上心头,这便是嫉妒。当一个大学生爱上一位异性以后,嫉妒他(她)去爱另一个人,这不是一种消极的情感。这种自然的性嫉妒常常是爱的表现。相反,如果一个人丝毫没有嫉妒心,感到无所谓,那就可能是不爱对方的。

(四)晕轮效应

恋人之间常有晕轮效应。俗话说"情人眼里出西施"就是晕轮效应的结果。有的大学生,同时被几个人追求时,有可能飘飘然起来,也会出现自我评价过高的倾向。其实,一个大学生被几个异性追求,可能是多种因素的影响,并不等于其自身的条件优越。

在对恋人的评价上,晕轮效应也经常发生作用。当恋人的某些条件比较优越时,就很容易忽视对其他条件的体察,如看到长相漂亮的异性就忽视其内在的素质而一见倾心等。同样,当看到恋人某些条件比较欠缺时,又会抹杀其其他方面的优势。如在恋爱过程中,偶尔发现对方的某个缺点,由此而对其全盘否定。因此,晕轮效应容易造成评价和判断的偏差,是心理不成熟的表现。

二、大学生恋爱的心理变化

完整的恋爱一般要经历初恋和热恋两个阶段,而不完整的恋爱则只经过初恋便告结束。大学生恋爱,在这两个阶段,有着不同的心理变化,这种变化是非常明显的。

(一)初恋阶段的心理变化

初恋是心理最敏感的时期,往往每一个细小的举动都会引起双方心绪的强烈颤动,产生情感上的共鸣,每一次器官的触动,都犹如一股暖流袭来,使双方震动、倾倒和陶醉。因此,有的初恋者喜上眉梢,春风得意;有的初恋者废寝忘食,精神恍惚;有的初恋者神魂颠倒,如痴如醉。这与恋爱者的性格、情操、阅历、知识、修养都有很大的关系。初恋是美好的、甜蜜的,它是第一次对异性爱的体验,双方的内心往往充满了一种新奇的兴奋和激动,不仅是在一起的时候,就是有时暗自想起见面时的情景,也会兴奋不已;初恋是强烈的,它是爱欲积聚的爆发,是青春力的点燃,处于初恋阶段的人总是心情愉快,喜悦之情不禁溢于脸上而自己却不知晓;初恋又是含蓄的,相恋的双方彼此心领神会,而旁人还蒙在鼓里。

初恋一般要经过"醉我—疑我—非我—化我"四个阶段。①

醉我:就是对方的相貌、仪表、风度、气质、品格、才能、理想等肉体和精神的魅力深深地吸引自己。此时,总有一种从未有过的捉摸不透的亲近欲和冲动。

疑我:因为我被对方陶醉了,所以拼命地在对方面前自我显示,以引起对方的注意,常用只可意会、不可言传的微妙眼神和动作向对方示意,但是对方对我是否有意?于是我就进入反复评价这种爱的可能性的怀疑期。这期间,常会做些必要的试探以助判断。

非我:当终于知道对方也在爱自己的时候,激动不已,兴奋而紧张,一切都不像平时的我了,故称"非我"。非我阶段,常常会做出情不自禁的喜悦表情和动作,呈忘乎所以之状。

化我:此时单独的我已不存在,无论是读书学习,还是穿戴住行都像是为对方的,甚至认为大自然也是为对方存在的。

(二)热恋阶段的心理变化

在初恋的基础上,双方经过一段时间的感情交流,对彼此的志向、个性、人品、修养、兴趣等有了一定的了解,在感情交融、志趣相投的情况下,爱情进展到了更充实、更热情、更有具体内涵的阶段,这是爱情所经历的本能与觉悟、感情与理智有机转化和相互结合的过程。热恋是爱情走向成熟的标志。经过初恋期的相互了解,双方思想感情日趋一致,心理高度相容,能够在这相互接触中比较确切地表达自己的情感,并力求得到周围人的认可和赞许。从初恋到热恋,必须也应该有一个时间量和情感量的积累。初恋是珍贵的,但爱情发展的一般规律表明,热恋同样是珍贵的,大学生一旦进入热恋阶段,就会在心理上刻下永难磨灭的印痕,即使转移了恋爱目标,原有的热恋体验仍具有较大的影响作用。

处于热恋阶段的青年大学生,极其容易出现一些偏差,诸如把恋人完美化、学习兴趣转移、脱离集体、婚前性行为等,必须引起高度警惕,用理智去驾驭情感。

---

① 朱海东,于晓威.大学生心理健康教育[M].成都:电子科技大学出版社,2016.

第六章　大学生恋爱心理维护研究

三、大学生常见的恋爱问题

恋爱、婚姻和家庭,是人生的重要内容,是人类社会生活的基本形态之一。对于当代大学生而言,回避这一话题显然是不现实的。如何看待大学恋爱？该不该恋爱？在情感上受到困惑和挫折怎么办？对异性产生爱慕之心,这是人到了一定年龄感情的自然流露,特别是对于大学生来说,不是可不可以谈的问题,而是怎样克制或把握自己情感的问题。

当然,关于在大学里要不要谈恋爱的问题,也难作一个绝对的回答。但应明白,缘分这东西是可遇不可求的,但绝不可强求,一旦缘分到了,自然会水到渠成。对于恋爱,既不要勉强自己,也无须勉强别人,否则将会做出爱错人和一厢情愿之事,从而带来不少的心理困惑。下面介绍大学生在恋爱过程中常见的心理问题及解决方法。

（一）单相思

单相思是指两性关系中的一方倾心于另一方,却得不到对方回报的单方面的"爱情"。单相思是一种心理失去控制的情感表现。单相思最大的心理误区是把心目中暗恋的人过于美化,看成十全十美。如,某大学生性格内向,暗恋上一位女同学,不愿表白,每天都定时坐在校园内的花坛旁,手拿着书却无心看书,因为他知道这个女同学每天从这里经过去食堂吃饭。每当这个女同学从他身边经过,看到她柔顺的长发就感动非常欣喜,然后心里编织出同该女同学恋爱的梦。

单相思是恋爱心理的一种认知和情感的偏差。单相思使某些学生陷入痛苦的境地,处于空虚、烦恼,甚至绝望之中。若处理不好,会对以后的恋爱、婚姻生活产生消极的影响。那么如何克服单相思呢？

可以从以下几个方面进行努力。

（1）正确理解恋爱的深刻含义,明白恋爱是男女双方情愿的事,从而对自己单方面的思恋加以否定。

（2）向所爱的人大胆表达,如果所爱的人毫无可能爱自己,则要尊重对方的选择,学会放弃,决不可感情用事。

（3）在知道对方毫无希望爱自己仍摆脱不了单相思时,不妨运用心力转移的方法,把自己从爱的沉湎中摆脱出来,比如看书、交友、上网或者做短期旅游。这样,逐渐把注意力转移到其他的生活内容上,眼不见少思念,记忆淡漠了,也就从单相思中解脱了。

(4)当单相思使自己出现较严重的失眠、寡言少语、心烦意乱等情况时,可以到医院请求医生帮助,借助心理治疗或药物调整心态。

(二)恋爱动机误区

(1)弥补内心的空虚。有些人考入大学后,失去了明确的学习目标,没有远大的理想追求,缺乏学习的动力,认为学习和生活枯燥乏味,感到孤独、寂寞、苦闷。加之在恋爱观方面受到西方不健康观念的影响,于是就借恋爱消磨时光,以丰富自己的生活,其目的是为了摆脱心里的寂寞和孤单,填补心灵的空虚。于是,在校时卿卿我我,心理上相互填补空白,甚至有人在校外租房同居。一到毕业时相互说声"拜拜"就分道扬镳。这种缺乏责任感与严肃感的"恋爱",其实是十分危险的游戏,是对爱情的亵渎,是感情上的低级趣味,是不可取的人生态度。

(2)满足自己的私欲。有个别大学生为了显示自己的魅力或满足自己的私欲,同时和几位异性交往、周旋、搞多角恋爱等。由此易发生纷争,甚至冲突,酿成悲剧,最终对所有当事人都产生不良后果。还有极少数的大学生,尤其是一些女生,她们凭借自己的容貌,把金钱、权利、物质等外在条件作为恋爱的砝码,不惜牺牲自己的身体和人格,让纯洁的爱情变成了金钱与情色的交易,这种恋爱的结果往往使她们自己在身心上均受到伤害。

(3)攀比心理。攀比心理是一个人嫉妒心理和好强心理的混合物。在恋爱观上,有些大学生看到一些条件还不如自己的同学都出双入对时,便忍耐不住了。心里暗自思量,自己并不比别人差,为什么落伍了?于是也开始谈情说爱,以平衡自己的心理,但攀比心理得到满足,爱情也可能走到终点。

(三)网恋

网恋早已成为许多高校大学生追逐的一个梦想。他们希望通过这种方式找到心目中的白马王子或白雪公主。从虚幻的网络走向现实的爱情,有的美梦成真,有的无疾而终;有的见光则死,有的被骗财骗色。当越来越多的人开始迷上网恋时,心怀叵测的贪婪目光也同时在网上搜寻"猎物"。因此当代大学生要睁大双眼,提高自我保护意识,"让虚幻的归属虚幻,现实的归属现实"。对网恋要保持正常与合适的态度,以防伤害自己。

（四）失恋与分手

恋爱是一件美好的事情,但是当恋爱的路走到尽头,就会出现"分手"与失恋这两种结果。曾经相爱的双方如何化解矛盾、和平分手,以及失恋的一方如何应对和调节好自己的心态,是大学生恋爱中不可避免的伤心苦恼事。而"分手"和"失恋应对和调节"既是感情上的问题,又是知识性、技术性的问题。

分手的原因主要有:双方个性、价值观差异显著,无法沟通;对方的价值观不符合自己的期待;第三者的介入;时间、空间的距离;恋爱的盲目性或恋爱动机不纯;家庭和社会舆论的压力。

失恋后应及时找朋友或亲人倾诉,或找专业人员咨询。此外,还可以做以下调整。

（1）尽量宽容对方。失恋者对伤害自己的人会本能地产生仇恨,但仇恨和报复并不能挽回失去的爱情,只会使自己的心态更加失衡,而宽容能让人释怀。失恋后若能持一种平常心看待事情的出现,能尊重对方的选择,并给对方良好的祝福,对方一定会很感动,而你在宽容对方的同时,自己的心灵也会感到滋润。

（2）用行动转移注意力。著名作家泰戈尔曾说过:"生命因为有了爱才有意义,生命因为失去爱才变得更富有。"其深刻含义可理解为在失恋的日子里,可以有充分的时间博览群书、思考问题、反思自我。一旦将痛苦升华为力量,就会站在新的起点,重新审视自己的失恋和痛苦,专心于自己的学业或事业,让生活变得更加充实。

（3）失恋不失志,向榜样学习,将失恋视为奋进的动力。一般来说,失恋对于弱者是一个致命的打击,而对于强者则有可能成为一种巨大的动力。歌德从失恋中奋起,以自己破灭的"爱情"为素材,写出了轰动世界的书信小说《少年维特之烦恼》,成为举世闻名的文学巨匠。

（五）爱的道德观念淡薄

恋爱的双方是平等的个体,大学生同恋人相处应注意交际的平等性。恋爱靠感情润滑更靠友谊来支持,"相敬如宾"正体现了男女双方那种互敬互爱的平等性。任何一方都不能把自己的意志强加给对方,也不能有半点虚伪和自私,操纵欲、施压欲、嫉妒和报复都是爱情的敌人。

一些大学生精神极度空虚,道德法制观念差,推崇"性解放""性自由"思潮,采取不负责任的性放纵态度,性放纵是婚前性行为、婚外恋、多角恋爱、高离婚率及性传播疾病的主要根源。

第四节 大学生恋爱心理的维护

对大学生恋爱心理问题可采用多种调适手段。这就是:树立科学的恋爱观,正确处理友情与爱情的关系,提高恋爱挫折承受力和矫正恋爱中的不良行为等。

一、培养爱的能力

就大学生自身而言,他们对恋爱的态度也是不一致的,基本上分三种情况:大部分同学对大学生恋爱问题持赞成的态度,认为大学期间的青年正值情窦初开、春心骚动的时期,生理已经成熟,心理也趋于成熟,这个时期谈恋爱是正常的、自然的;一小部分同学对大学生恋爱问题持反对态度,他们认为大学时期是短暂的,难得的学习机会不应该分心于其他,应抓紧时间打好扎实的学习基础,再说大学生的心理发育还不完全成熟,恋爱的成败带来的情绪变化会影响学习,不如等毕业后工作稳定了再谈;还有一部分同学用模棱两可的态度对待大学生恋爱问题,他们认为,不应论证大学期间谈恋爱该与不该,而应顺其自然,遇到合适的就谈,没有成熟的时机也不强求。以上三种对大学生是否该谈恋爱的态度,客观地反映了大学生对待恋爱问题态度的多元性,就这三种态度而言,很难说明哪种是对的,哪种是错的,但似乎可以判断出,持第三种态度的同学对生活和爱情的理解达到了一定的深度,具备了较强的驾驭感情的能力。

爱的能力是一种综合的能力,表现在爱的过程中的各个方面。

(一)培养表达爱的能力

爱上一个人的时候,能否用恰当的方式和语言去向对方表达呢?表达爱是在表明爱一个人也是幸福的,即使得不到回报,你让对方知道被一个人爱着,也是一种很崇高的境界。

(二)培养接受爱的能力

当你期待的爱来到了身边,能否勇敢地接受也是爱的能力的一种表现。有的大学生在别人向自己示爱后,内心挺高兴,但又不敢接受别人的爱,或者对爱缺乏心理准备,或者觉得自己不配、不值得被爱,因此而失去发展爱的机会。

(三)培养拒绝爱的能力

拥有爱的能力不是对爱情来者不拒,或者把认为不适合自己的爱简单地拒绝。部分大学生面对他人的示爱时可能优柔寡断,怕伤害对方又怕对方误会。拒绝爱的能力,首先表现在对他人的尊重并要学会感谢对方对自己的感情,还要表明清楚态度,要明确和对方只能是什么样的关系,如同学关系或是普通朋友关系或者什么都不是,最后是行动与语言要一致。

(四)学会鉴别爱的能力

学会鉴别爱的能力是指分清什么是喜欢、好感和爱情。有鉴别爱的能力的人是尊重别人的、会自然地与别人交往,主动扩展交往的范围,珍惜友谊,也会尽可能地去体验他人的感受。而过于自我孤立、以自我为中心的人,往往会对他人和自我的感受在认知上发生偏差。

(五)培养失恋的心理承受能力

失恋会让人产生痛苦的感觉,但失恋是每个人都可能面临的。失恋是一种关系的丧失,需要个体拥有一定的时间去适应及面对。所以需要培养承受失去爱的能力。第一,要学习如何看待失恋。认识到失恋只是一种他人选择的结果,自己不被选择不代表自己不好或是失败的。第二,要在失恋中学习,将失恋当作一种人生财富。虽然失恋会让人体验到情感的痛苦及挣扎,但也能在失恋中学习和成长。第三,一次失恋并不等于整个爱情生命的结束,还有机会再恋爱。

二、培养责任意识

亲密、激情、承诺是构成爱情的三个基本要素,只有同时拥有三个要素的爱情才是完美的爱情。而大学生因为心理还不完全成熟,受社会环境、教育环境、生活环境的影响,很多大学生的恋爱有亲密和激情,却缺少承诺这一份沉重的责任。在恋爱过程中存在责任意识淡漠的现象,一方面享受爱情带来的温馨和甜蜜;另一方面当爱情面临问题或冲突时,会选择逃避及不承担责任。另外,大学生也是社会性的个体,大学生的恋爱不仅只关乎彼此,还会影响到双方的家庭,他们应当对自己、对恋人,同时对两方家庭负责。例如,大学生恋爱心理不成熟,有的学生因为从众而恋爱,有的因为上一段感情失意而恋爱,有的因为排解内心的空虚寂寞而恋爱,并未真正地理解爱的真谛,在恋爱中也可能不懂得如何去尊重和体谅对方,对未来也没有认真地考虑过,这也是一种责任意识淡漠的表现。

目前性观念日趋开放,大学生也是成年人,对于性能自己做主,但有的大学生持只要相爱就可以的态度,并没有认真去考虑过婚前性行为会带来什么影响,而自己要为此承担什么样的责任。爱不等于性,牺牲了性不一定就会有爱。

爱情是人自然性和社会性的统一。作为一名大学生应学会正确表达和处理爱,培养爱的能力。任何不顾社会道德及不负责任的婚前性行为都应极力地去避免,不论是男生或女生都要学会去控制性的冲动,学会让自己成为一个恋爱的受益人,而不是受害者,学会做自己亲密关系的守护人。

因此,大学生应该树立健康的恋爱观,在恋爱中不仅要培养爱的能力,还要培养自己的责任意识,要学会对自己负责、对他人负责。

莎士比亚有句名言:"恋爱和炭相同,烧起来得想办法叫她冷却,不然会把一颗心烧焦。"恋爱中的大学生,既要对自己负责,更要对恋人负责,一定要用理智驾驭感情,把握住自己,这样,你的爱才会更长久、更甜蜜,这样,你才能真正获得幸福。

第七章　大学生网络心理维护研究

互联网的发展是超常规、跳跃式的,可以用瞬息万变和一日千里来形容。在人们尚没有充分的思想和心理准备的情况下,互联网便迅速渗透到了社会生活的方方面面。现代科技用精密的电子元件和严密的电脑程序构建了网络社会的有序性,但就其内容、环境以及诸多网络行为来说,网络世界构筑的是一个无序的虚拟世界。面对互联网构建的虚拟世界,当代大学生表现出了极高的认同度和参与热情,网络对于他们是一个挡不住诱惑的新奇世界。但网络却是一把"双刃剑",它在给大学生带来自由与快捷、知识与乐趣的同时,也给大学生们带来了心灵与情感的一定程度的负面效应。

第一节　网络概述

一、互联网的内涵

互联网(Internet),又称网际网络,或音译因特网、英特网,始于1969年美国的阿帕网。互联网是网络与网络之间所串联成的庞大网络,这些网络以一组通用的协议相连,形成逻辑上的单一巨大国际网络。[1]

互联网并不等同万维网,万维网只是基于超文本相互链接而成的全球性系统,且是互联网所能提供的服务之一。

从互联网的诞生与发展脉络我们可以看出,政府的引导、大学的孕育、商业的促进等,都在起着作用,这才导致全民都能使用的互联网的出现。

---

[1] 乔路,白雪.人工智能的法律未来[M].北京:知识产权出版社,2018.

二、互联网的发展

计算机网络近年来获得了飞速的发展。20年前,在我国很少有人接触过网络。现在,计算机通信网络以及Internet已成为我们社会结构的一个基本组成部分。网络被应用于工商业的各个方面,包括电子银行、电子商务、现代化的企业管理、信息服务业等都以计算机网络系统为基础。从学校远程教育到政府日常办公乃至现在的电子社区,很多方面都离不开网络技术。可以不夸张地说,网络在当今世界无处不在。[①]

回顾历史,随着计算机网络技术的蓬勃发展,计算机网络的发展大致可划分为四个阶段。

第一阶段:萌芽时期。

20世纪60年代中期之前的第一代计算机网络是以单个计算机为中心的远程联机系统。这样的通信系统已具备了网络的雏形,典型应用是由一台计算机和全美范围内2000多个终端组成的飞机订票系统。终端是一台计算机的外部设备包括显示器和键盘,无CPU和内存。当时,人们把计算机网络定义为"以传输信息为目的而连接起来,实现远程信息处理或进一步达到资源共享的系统"。

第二阶段:起步时期。

20世纪60年代中期至70年代的第二代计算机网络是以多个主机通过通信线路互联起来,为用户提供服务,主机之间不是直接用线路相连,而是由接口报文处理机(IMP)转接后互联的。

由于远程终端计算机系统的出现,使这个时期网络概念为"以能够相互共享资源为目的互联起来的具有独立功能的计算机之集合体",网络中计算机之间具有数据交换的能力,提供了在更大范围内计算机之间协同工作,实现分布处理甚至并行处理的能力,联网用户之间直接通过计算机网络进行信息交换的通信能力也大大增强,形成了计算机网络的基本概念。

第三阶段:成形时期。

20世纪70年代末至90年代的第三代计算机网络是具有统一的网

[①] 霍美辰,汝晓红.青少年网络心理健康指南[M].北京:中国社会出版社,2007.

络体系结构并遵循国际标准的开放式和标准化的网络。

第四阶段：快速发展时期。

20世纪90年代末至今的第四代计算机网络,使计算机网络进入崭新的阶段。由于局域网技术发展成熟,出现光纤及高速网络技术,多媒体网络,智能网络,整个网络就像一个对用户透明的大的计算机系统,发展为以Internet为代表的互联网,Internet已经成为人类最重要的、最大的知识宝库。

三、互联网的典型特征

互联网具有开放性、全球性、虚拟性、身份的不确定性、非中心化、平等性和个性化等特征。

（一）开放性

所谓互联网,指的是数量不限的计算机之间的互联互通,而这些计算机可能集中在一个地区内,也可能分散在世界各地,一旦实现这个前提,信息便能第一时间得到传播、第一时间被无数人共同分享。这就体现了互联网的开放性,在互联网这一平台上,共享信息越多、越及时,开放性就越高。这种开放性主要体现在以下几个方面。

其一,对用户开放。在互联网这样一个虚幻的国度里,不管你是中国人还是美国人,不管你是黄皮肤还是黑皮肤,不管你有着怎样的身份地位、家庭背景,不管你是白发苍苍的老人,还是精力无限的年轻人,只要你具备上网的硬件条件,就可以不受局限地在网上发表合法信息、浏览网页、利用互联网为自己的生活带来种种便利。

其二,对服务者开放。互联网是一个无限的信息系统,网上的信息无穷无尽,每时每刻都在更新,其背后的提供者可能来自任何国家、任何地区,没有哪一个国家或组织能够独揽互联网的信息服务。如此宽松自由的接入环境,也证明了互联网高度的开放性。

其三,未来的改进开放。互联网上的子网可以不受约束,根据自己的需求去自由定义自己的风格,并创建属于自己的体系,而风格各异的子网百花齐放,它们的高度活跃并不会影响整个互联网的运行。

(二)全球性

网络缩短了现实距离,形成了一个"地球村",在这个村落里,哪怕互不相识的两个人隔着千里万里,也可以通过网络去即时地打招呼,自由分享信息。在这个村落里,自由、平等是很关键的概念,人人都可以自由进出这一村落,成为其中一员,人人都可以查阅网络上的资料库,下载最新的软件,人人都可以上传私人照片,将自己的生活展示在无数人面前,从而宣扬自己的生活理念。网络上充斥着不同的价值观和理念,它们被赤裸裸地呈现在所有网民面前,有的遭受质疑和批判,有的受到赞许和追捧,不同民族、国家的人们感受着其他国家的文化,尝试着去接受不同的生活方式,在这种沟通中,逐渐加深了对世界的认识。而这些都是互联网带来的,它帮助人们突破了种族、国家、地区等各种各样的有形或无形的"疆界",真正体现了全球范围内的人类交往。

(三)虚拟性

网络世界具有强烈的虚拟性,简单而言,它是一个三维感觉世界。人们一旦坐到计算机前,就仿佛进入一个分外自由的空间,而这个空间与现实世界是截然不同的。生活中,我们能直视着对方的眼睛面对面地交流,而在网络上,我们和任何人之间的交流都隔着一层"面纱"。生活中,我们和其他人的交往受到物理实体和时空位置的限制,比如说,如果下雨了,我们就不得不更换交流的场所,而在网络上,哪怕窗外在狂风暴雨,也无法打断你们的对话。网络虽然有着明显的虚拟性特征,却并不代表网络关系都是虚假的。只要在与网上好友聊天时,我们付出的感情都是真的,也切切实实地付出了很多时间和精力,哪怕我们处在一种人工构造的虚拟情境中,也不能据此质疑这段关系的真挚程度。

(四)身份的不确定性

在现实社会里,人与人之间的关系是很清晰的,父亲与儿子,丈夫与妻子、老师与学生,等等,每个人的交往活动都依附于特定的物理实体和时空位置。而在网络世界里,网民的身份却不是确定的,如果不开视频,不发照片,不去进行语音对话,你根本不知道坐在你对面的是男还是女,是老人还是孩童。对于计算机专家而言,网络上一切信息虽然在其构成上是确定的,但都可以被还原为数字"0"或"1",信息的真与假、

第七章　大学生网络心理维护研究

虚与实在一瞬间都变得十分混沌,让我们无从分辨。在网络世界中,网民与网民之间的交往充满了不确定性。网络技术日新月异,每个人都可以借助网络技术去变成任何人,身份可以编撰、行为方式和目标可以隐藏,人们可以随意躲在自己亲手创造的虚拟身份下和任何人去交往,只要手段足够高明,就不会被对方识破真实身份。所以比尔·盖茨才开玩笑说,在网络上没人知道你是一条狗!

（五）非中心化

网际交往突破了现实社会行为所具有的以自我为中心的互动特征。当你随着网络进入他人的行动空间,或进行在线交谈、网络讨论,或进行超文本的创作和阅读时他人也同时进入了你的行动空间中。没有了专家平民之分,没有了作者读者之别,每一个网络参与者都是处于交互主体的界面环境之中。互联网技术消灭了"客体"这个字眼,消灭了权威式中心化的主体意志,而代之以平等自由的主体间交往,所形成的网际关系是非中心化的。[①]

（六）平等性

网络世界具有明显的平等性特征,它不是某一个国家的所属物,也不为某个机构、某个大人物所专有,没有谁能够完全地去控制它、左右它。在网络世界里,用户们不用跟随在上司的身后,听从上司发号施令,他们可以听从自己的心声,随意去扮演自己想要扮演的角色,他们拥有网络的一部分,他们自己也构成了网络的一部分。哪怕在现实生活中地位再重要的人到了网络上也没有绝对的发言权,事实上,在这个虚拟世界中,任何人都被赋予了一定程度上的表达自我的权利。这样一来,网民就可以充分感受到自由性与主体之间的平等性。来自世界各地的用户们可以自由选择自己所感兴趣的话题,然后进行讨论,哪怕其发表的想法与传统观念有所出入,也很容易找到与自己观点相一致的人。大家都是平等的网上公民,没有谁在统治着谁,也没有谁在压榨着谁。虽然网络上也不乏说教者、灌输者,但网民们互相之间还是平等交流居多,热门话题每天都在发生变化,受众也不是固定的。另外,网络上充斥着无数的信息,这些信息也不为某一个人所独有,每个网民都能通过搜索

[①] 李正军.高校网络心理健康教育导论[M].南昌：江西高校出版社,2009.

引擎去查看相关信息,或搜集自己感兴趣的资料。

互联网的这点平等性的特点,进一步激发了网民的自主性意识,使其思维变得更加开阔、多样。网络上有着层出不穷的充满个性和创意的人才,网络也给他们提供了足够的施展个性和创意的空间与平台,但是需要注意的是,自由都是相对的,在网络世界,我们虽然有表达自我的权利,却不代表我们可以滥用这份权利,这只会导致无政府主义的泛滥等一系列问题的发生。

(七)个性化

来自世界各地的计算机、网络互联在一起就构成了互联网,网络上的所有人互通信息、共享资源,每个网民都可以成为网络的中心,这使得人的个性化得到了最大程度的发挥。在以网络技术为代表的日新月异的今天,全民个性化的时代也充分到来。在网络世界,人与人之间不再受身份、地位、等级制度的控制,都可以随心所欲地进入自己喜欢的领域和平台,和感兴趣的人交谈。每个人上网的目的都是不一样的,各自的需求也有着差别,而网络却可以包容这种差别,为人的个性发展提供广阔的空间,使得每个人都拥有被看到、被听见的机会。

第二节 大学生的网络心理特点

互联网于1994年正式登陆中国以来,将中国迅速地引入网络时代。目前,通过互联网获取更多、更新的知识,满足多元化需求,已成为越来越多的人所追求的一种时尚。作为"时代先锋"的大学生们,自然就成为上网族中的主力大军。"无处不网,无时不网,无人不网"成为对网络时代大学校园的一种真实写照。

一、网络对大学生行为与心理发展的影响

网络作为一个集通信网络、计算机、数据库及日用电子产品于一体的电子信息交换系统,能将网、文、声等多媒体信息传送到设有终端设

第七章 大学生网络心理维护研究

备的地点和个人,并且时时刻刻影响着上网者。网络不仅渗透到了大学生活的方方面面,而且以其特有的方式影响着大学生的行为与心理。

(一)网络对大学生行为的影响

网络对大学生的行为产生了如下影响。

1. 拓宽了大学生获取信息的渠道

网络具有信息量大、传播速度快和影响范围广的特点,作为一种新的信息传播方式,广为大学生青睐。在这样一个信息时代,网络已经取代其他的传统方式,成为大学生获取信息的最主要的渠道。这种全新的信息传输方式给大学生带来的影响也是多方面的。

(1)网络提高了大学生的信息占有量和信息更新速度。网络既是世界上最大的广告系统、信息和新闻媒体,又可以称为全球最大的图书馆、博物馆和展览馆。在这个信息的海洋中,各种信息无奇不有,丰富而新鲜,并具有运行的快捷性、同步性和使用简便性的特点。它以更快的速度传送和处理数量日益增加的数据、信息和知识。正如威尔·希弗利在《难以置信的光收缩》一书中写道"今天一根头发丝般细的光纤能在不到1秒的时间里将《大不列颠百科全书》29卷的全部内容从波士顿传到巴尔的摩。"大学生只需轻轻一点,就能方便快捷地在浩瀚的信息海洋中找到自己所需的信息,这大大缩短了他们在搜寻信息上耗费的时间,从而在很大程度上提高了大学生的行为效率。

(2)网络干扰了大学生对信息的准确判断和选择。网络既是信息的宝库,又是信息的垃圾场。在铺天盖地而又瞬息万变的网络信息中,存在着大量的虚假信息和不良信息。前者成为大学生汲取信息的"陷阱",不仅浪费大学生宝贵的时间,而且干扰他们及时找到有用的准确信息;后者则是信息中的"垃圾",很容易对大学生造成精神上的污染和行为上的误导。

2. 改变了大学生的学习方式

传统的学习方式是以老师为主导,以大学生为主体,以课程为载体,以课堂讲授为主要方式,实现知识的传输和能力的培养。这种封闭式、单一性的学习方式必然导致大学生学习兴趣减退、学习效率降低。网络以全新的方式渗透到大学生学习的各个环节,在很大程度上导致了大学生的"学习革命"。

（1）网络提高了大学生学习的主动性。网络为大学生提供了获取知识的新渠道。与传统的从书籍、报刊、课堂获取知识的方式相比，从网络获取知识的方式具有明显的快捷性、方便性和灵活性的特点。网络资源的共享性使得大学生不必担心课堂笔记是否完整，也不会为了图书馆里的一本书而等上数月。由于对网络方式的高度认同，因此在网络这样一个汲取知识的新天地中，大学生不再只是被动地接受知识和信息，而是更主动地学习新知识，选择信息、接受信息。网络对大学学习的介入帮助大学生打破了局限于课堂、埋头于书本的僵局，不仅使大学生扩大了知识面，而且提高了大学生学习的积极主动性。

（2）网络增强了大学生学习过程的互动性。在大学生的学习过程中，课堂学习和课后自学占了大部分时间，整个学习过程具有封闭式和单向性的特点，老师与学生、学生与学生之间的交流和互动容易被忽视。尽管现代教育改革一再强调要加强教育环节的互动性，但真正行之有效的方式并不多。网络为大学生开展互动交流式的学习开辟了足够的空间和便捷的方式。大学生可以通过网络课堂、BBS 电子邮件及网上视频等多种方式和老师、同学展开广泛的交流。

（3）网络也导致了大学生一些不良学习行为的出现。网络的隐蔽性、自由性和快捷性，也滋长了大学生的一些不良学习行为。例如，一些大学生在网上下载、购买相关资料作为作业交给老师，甚至硕士、博士毕业论文也如此"得来全不费功夫"；有些大学生在网上帮别人做作业、写论文赚钱；更有甚者，连考试也在网上找"枪手"代考。这些不良行为的滋生与蔓延不仅扭曲了大学生的学习态度，也败坏了高校的学风和学术伦理。

3. 对大学生的人际交往产生深远的影响

"交往是人类的必然伴侣"，无论是在刀耕火种的远古时代，还是在科技发达的现代社会，人类都无法避免与他人交往。从农业社会到工业社会，人类延续着千百年来的传统交往方式，即通过直接或间接的方式实现彼此的物质、精神、信息等的交流。进入信息时代以来，网络的出现在很大程度上改变了人类亘古不变的交往方式。对于处在交往探索期的大学生来说，网络对其人际交往的影响更为深刻。

（1）网络扩大了大学生人际交往的范围。网络人际交往具有超时

第七章 大学生网络心理维护研究

空性的特征。现实社会的人际互动总是发生在一个具体的情境中,具有空间和时间的实在性,形成了传统的"在场"与"缺场"的意义。而在网络人际互动中,不仅时间和空间发生了分离,而且空间与场所也发生了分离。因特网极大地延伸了人们网络交际的空间距离,又压缩甚至取消了现实人际互动所需的时间和场所。超时空性使整个人际互动的环境成了一个虚拟和真实的混合体。网络交往的这种特性使得大学生能够从狭小的生活圈子走出来,跨越千山万水,突破地域限制,实现"朋友遍天下"的梦想。

(2)网络丰富了大学生人际交往的方式。网络为大学生提供了诸多方便快捷的交往方式,如微信、QQ、电子邮件、BBS论坛、网络游戏等。与传统交往方式相比,网络交往方式多了一份自由,少了一丝束缚;多了一份神秘,少了一丝真实。这对于心理正处在不稳定期的大学生来说,极具吸引力和诱惑力。

(3)网络在某种程度上导致大学生现实人际交往能力减弱。人际交往的一个基本内容就是人际互动。网络为大学生提供的交往空间是一个既隐蔽又流动的非面对面的情境,大学生在其中互动时,既不会被人监视,又不用太顾忌社会规范的压力,他们在现实社会互动中的人际障碍,如家庭背景的悬殊,生活方式的不同、生理和心理的差异等均可消失,取而代之的是平等、自由和普遍的交往关系。这使得大学生乐于在网上交友,而对现实中的人际接触避而远之。例如,一个在网上侃侃而谈、备受欢迎的大学生在现实中可能会沉默寡言、性格孤僻。长此以往,必然导致现实人际交往能力减弱。

(二)网络对大学生心理发展的影响

1.对大学生认知发展的影响

认知是指人们感受事物思考事物的心理过程,它对一个人的情感、行为都有着极其重要的影响。大学生正处于感受能力强、思维活跃而又丰富的时期,其认知发展在很大程度上受到网络的影响。网络作为一种新颖快捷的信息传输渠道,它通过扩大信息量,缩短大学生收集信息的时间,为大学生提供了更好的学习机会和途径,从而拓宽了大学生的认知视野,提高了大学生的认知效率。网络集视、听于一体,注重网民参与的信息传输方式,改变了大学生传统意义上的静态的认知模式,使大学生在认知发展的过程中出现与以往不同的一些新特点。在网络"知识快餐"的冲击下,大学生的求知欲望更强烈,思维更活跃、更敏捷,想象力更加丰富。同时,面对铺天盖地的大量信息,大学生现有的接受能力和判断能力无法承受,在信息"超载"的情况下,出现思维混乱和不清晰的状况;而这些没有明确价值指向的信息长期充斥着大学生的大脑,搅乱他们的思维,必将阻碍大学生认知中对信息的准确选择和内化过程,以及良好判断能力的形成。

2. 对大学生情感成长的影响

大学生正处于情感、情绪丰富而又不稳定的阶段,其情感的发展变化与外界环境息息相关。由于周边环境因素的限制与影响,大学生在情感成长过程中往往容易出现较强烈的矛盾和冲突,而网络世界正好为内心敏感、情绪易波动的大学生创造了一个崭新的情感表达和交流的空间。在网络中,大学生可以随意选择自己的情感交流对象,可以同时向许多人表达自己的内心情感;可以不直接面对面地交流,也不用随时回应对方;可以不向对方表明自己的真实身份,不用担心因此危害自身利益。这样的情感交流空间虽然是虚幻的,却解决了大学生在现实生活中既渴望真情又企图封闭自己的心理矛盾,以其特有的自由、随心所欲和隐蔽性而深受大学生的欢迎。同时,网络以广博的包容性吸引大学生将其作为他们情感宣泄的重要渠道。在这里,大学生可以通过游戏、论坛等各种方式肆意宣泄自己的情感而不受到制止和阻挠,因而在一定意义上也起到了维护情感平衡、避免情感异常和迷失的积极作用。但是我们也应该看到,当大学生的一些不良情绪、情感在网络中得到宣泄并获得其他网民认可时,或者是通过一些不正常的网络方式进行发泄时,这些不良情感可能会被强化,必将导致大学生的情感发展误入歧途。

3. 对大学生个性心理塑造的影响

网络世界具有较强的无政府性和非政治性,这与大学生追求个性自由、崇尚个性张扬的心理正好相吻合。在这个管理约束相对弱化的区域里,大学生能够独立地选择网络资源,并自觉地去判断各种网络信息中所包含的价值趋向和文化倾向,对于网上的热点问题、现实生活中的重大事件,独立进行思考和评价,从而培养了个性心理中的独立性。大学生正处于自我意识不断增强而又不稳定的时期,注重自尊、自信、自我展现,在网络这个平台上,大学生可以以己喜恶为中心,以己需要为尺度,按照个人的自我意志利用网络资源,如对自己的网页和网络形象进行个性化的设计,在 BBS 中毫无保留地发表自己的独特见解,在网络游戏中自主地扮演各类角色,在虚拟社区中充当高手和"大虾"(大侠),这无疑促进了自主性个性心理的培养。在网上,现实生活中因财富、职位、身份等形成的社会地位被淡化,决定一个人是否受欢迎的主要因素是网络技术是否高超、网络语言是否熟练、网络风格是否幽默等。在这里,大学生找到了充足的平等感,他们可以平等地和对方交流,平等地享受网络资源,无须顾忌现实生活中的条条框框,从而塑造了个性心理中的平等性。

当然,虚拟世界并不完全等同于现实生活,我们不能忽视一些大学生为了展现自我而在网络中过于张扬,甚至自私的行为,如为了充当"高手"而肆意制造损害别人利益的数据,或是发布恶意网站,散播网络病毒等。这种过激行为不仅不利于大学生个性心理的健康发展,反而有可能导致大学生异常人格的形成。

4. 对大学生道德心理培养的影响

网络作为存在于现实生活之外的虚拟社会,同家庭、学校、社会一样会对大学生道德心理的发展和培养产生较大的影响。大学生在网络这个自由空间最大限度获取各种道德体验的同时,也面临道德心理健康发展的极大挑战。

(1)网络冲击大学生的传统道德价值观。网络的虚拟性、隐匿性和自由性使得传统的道德判断标准被淡化,大学生在是与非、善与恶的判断和选择上容易趋向折中主义和相对主义。

(2)网络磨炼大学生的道德意志。道德通过"自律"发生作用,要求个体能够自我控制。而在网络生活中,个体追求的是通过对网络资源的自主操纵获得高度自由的快感。大学生正处于好奇心强、自控能力弱的时期,在网上更容易放纵自己,做出道德失范的行为。因此,网络成为考验大学生道德意志的又一个重要空间。

(3)网络挑战大学生的道德品格。在现实生活中,个体塑造健康、统一的道德品格是良好道德心理的重要因素。在网络生活中,个体的行为自由度与其应当担负的责任并不完全对应,"慎独""内省""克己""知行统一"等品格在我行我素的网络空间显得并不重要,因而大学生容易忽视或放松对自己道德品格的要求,甚至出现网络与现实中道德品格不一致的不良现象。

二、大学生上网的心理需求

国外有专家认为,人们上网的目的只有三种:寻求社会支持、获得自由、寻求娱乐。在与学生进行访谈的过程中,我们发现大学生上网的心理需求并非仅止于以上三种,下面重新归类并说明。

(一)寻求社会支持

"网络社会"是个高度信息化、自动化的社会,它实现了人们便捷联系的梦想,使人们从时间和地域上的限制中解脱出来。网络允许人们基于自己的兴趣加入感兴趣的群体,而不是机械安排;它还允许使用者以匿名、匿性别、匿年龄甚至匿社会地位的方式与其他使用者交流。在现实中不敢说、不敢做的事情,到网络上则不用担忧。网络给人一种充分的自由、平等和安全感,马斯洛的"需要层次理论"提及"安全感"是人类的一种基本需要,有了这种需要的满足,人们才有了能产生更高层次的心理需求。因此,网络的这种安全感,使上网者可以把受社会影响而不能说出来的情感表达出来,可以让人们适度宣泄被压抑的情绪,同时,人们可以找到很多在行为、想法上与自己相似的志同道合者,找到一种群体归属感和人性支持,从而获得一定的心理治疗效果。由于在网络上获得了满足,在现实生活中遭受到挫折,他们将会更依赖于向网络寻求社会支持。

(二)获得心理满足

在与网友的交流中,人们总是在有意无意之间将自己包装起来,尽力向对方展现自己最美好的一面。人们总是有愿意向他人暴露自己的优点而将自己的缺点隐藏起来的动机存在,讨得他人的喜欢以肯定自己的价值存在也是人类与生俱来的心理需求之一。大学生在网络上可以"扮演"自己向往的人,网络可以给他们一种尝试角色的欢欣感和扮演成功后的成就感。此外,对人类来说,寻求归属感也是一种基本需求。由于网络空间提供了许多不同的虚拟环境,所以每一个人都可以找到一个令自己感觉趣味相投的地方。一些大学生往往存在着现实或潜在的

第七章　大学生网络心理维护研究

归属认同危机感,如家庭成员之间的关系危机,对师长及同学缺乏认同感等。他们上网一方面是在逃离现实,另一方面也在寻求归属感的心理满足。

（三）获得充分的自由

网络的隐匿性,避免了由于直接面谈带来的种种不便,使学生可以更大胆、更自由地表达自己的意见和观点,这种接触也不受时间和空间的限制。学生还可以根据自己的兴趣或按自己的价值观需要选择适合自己的信息。

据一位心理学家讲:大学生头一遭离开父母,生平第一次获得如此多的自由,空闲也多,自我保护意识还不强,很容易迷恋网络,而网络就如一把双刃剑,在给予大学生以社会支持、心理满足、获得自由的同时,又由于大学生的心理发展不成熟,带来一系列心理问题。

（四）寻求资讯和娱乐

网络被称为继报刊、广播和电视之后的第四媒体,它具有传播速度快捷、彻底打破地域界限、拉近传播者与受众之间的距离等优势。网络媒体集文本、声音、图像、动画等形式于一体,达到时空交融、视听兼备的综合性艺术效果,营造出特定的情感氛围。它将欣赏者的各种感觉全方位打开,使视觉、听觉、触觉甚至味觉和嗅觉协同活动,获得多感官的刺激,让人体验到心跳、眩晕、紧张等微妙的心理变化,达到真正的审美通感,从而获得精神上的满足与愉悦。网络传媒具有的这些特征和功能正好和青少年具有的好奇、喜欢惊险刺激、强烈的求知欲和探索精神等心理特征相匹配。他们在网上参加游戏、聊天、听音乐、看在线播放电影等,上网冲浪成为众多青少年学生业余休闲的重要形式。据调查,大多数青少年上网的目的是聊天、玩网络游戏、看动漫、看电影或下载音乐等等,还有选择查询信息,也有一些同学因为玩网络游戏而荒废了学业。[1]

---

[1] 李广平,葛剑,喻玉兰.大学生心理健康教育[M].南昌:江西科学技术出版社,2018.

（五）宣泄消极情绪

对于当代大学生而言，激烈的社会竞争给他们带来了很大的压力。在日常的学习和生活中也会经常遭遇到各种紧张或不愉快，他们希望能够有人愿意倾听他们的心声，一起分担内心的痛苦。考虑到现实社会可能会遇到种种不快，他们则选择通过网络发帖、网络游戏等方式来抒发自己的不快，以此来获得共鸣。在虚拟的世界里通过不被人发现的伪装，不用再为没有朋友、性格孤僻等而烦恼。由于网络的匿名性可以起到很好的自我保护作用，于是越来越多的人通过网络宣泄自己的消极情绪。

三、大学生网络心理透视

（一）猎奇心理

大学生正处于精力旺盛、求知欲和好奇心强的阶段，求新、猎奇是他们最典型的个性特征。网络以信息快、内容新、覆盖面广等特点，满足、强化了大学生这种猎奇心理，使他们领略到传统信息传输方式难以实现的境界，极大地刺激了他们的好奇心，引起他们的特别关心和兴趣，激发出他们学习和掌握网络知识和应用技能的欲望。正是这种求新、猎奇心理，促使他们迅速进入网络世界，同时网络环境又进一步刺激和开阔了他们的求新、猎奇心理，获得现实生活中无法感受的体验。

（二）从众心理

从众心理，就是在群体的影响和压力下，放弃自己的意见而采取与大多数人相一致的行动，即通常所说的"随大流"，是日常生活和工作中常见的社会心理现象。在大学校园里，上网成为一种潮流和时尚，大学生茶余饭后的谈资笑料往往来源于网络。一些大学生本身对网络比较陌生，也不是非常感兴趣，但为了能够和身边的同学保持一致，寻找共同话题，或者为了跟上潮流赶时髦，也开始学习上网，有的甚至迅速迷恋、上瘾。

（三）逆反心理

大学生正处于思维独特、兴趣广泛、个性张扬的时期，对现实生活不满,对传统、正规、权威进行排斥和挑战成为他们现实生活中的普遍现象。网络中信息的非正规性、网络社区的非政治性、网络言论的自由性以及网络空间充斥的各种与现实道德传统相背反甚至冲突的导向,既迎合了大学生"反其道而行之"的逆反心理,也给了大学生一种心理暗示,进而催化了这种心理。

（四）逃避心理

如今大学生多为独生子女,在成长过程中所受的挫折较少,心理承受能力较弱。面临大学生活中的各种问题,无法妥善解决而引发心理困惑,脱离家庭、父母呵护的他们常常在网上寻求心理逃避和解脱。一些大学新生因为不能适应大学生活而上网消磨课余时间,有的同学因为人际关系处理不好而到网上寻求安慰,有的同学则因为情绪的波动和起伏而在网上寻找平衡,也有的同学在遇到困难时不能正确面对,通过上网游戏、娱乐逃避困难等。

（五）补偿心理

大学生的需求是多方面的,有些需求并不合理,有些需求需要经过一番艰辛努力才能实现,因而在现实生活中,大学生常常会因为需求无法得到满足而失去自信心,陷入苦恼之中。一些同学选择了放纵自己,到网上寻找满足感,获得心理补偿。比如通过网络游戏感受成功的乐趣,通过网络交友体验人际肯定的兴奋,通过网络弥补现实生活中的各种失落,似乎重新找回"有信心"的自我。正是这种轻而易举获得的"虚拟成就感"吸引着大学生沉迷其中,乐此不疲。

第三节 大学生常见的网络心理问题

一、网络成瘾综合征

以网络技术为代表的数字技术的高速发展,让我们体会到了什么是真正便捷、高效的生活。但在享受网络带来的便利生活的同时,我们也在不可避免地承受着网络所带来的负面的影响,"网络成瘾综合征"就是其中之一。医学上,"网络成瘾综合征"又被称为"病态性使用互联网"。这是一种严重的心理疾病,患上此病的人不能控制自己对于网络的依赖,他们没日没夜地上网,而过度使用互联网又使得他们的日常工作、学习大受影响,甚至导致身心都受到损伤。患有"网络成瘾综合征"的人一方面对网络具有依赖性,另一方面对网络具有耐受性,他们不间断地上网,只有这样才能激起自己的兴奋情绪,以此满足内心深处的隐秘欲望,长此以往下去,这一类人的心理只会变得越来越畸形。从生理角度而言,不间断地上网对于人的健康是有着极大的损伤的。平时,我们看手机时间长一点就会觉得头昏脑涨、颈椎酸痛,而长时间上网也会导致人体的植物神经功能严重紊乱,令人产生紧张性头痛的症状。有的人长时间泡在网上就会失眠头痛、食欲不振,有的人情绪变得越来越急躁,有的人变得越来越孤僻,不愿与人交流,渐渐就丧失了正常的人际关系。

国外有学者针对网络空间的基本心理特征展开了研究,最后他们总结出了这几点:有限的感知经验,灵活而匿名的个人身份,平等的地位,超越空间界限,时间的延伸和浓缩,永久的记录,易于建立的大量人际关系,梦幻般体验以及黑洞体验。

而患有"网络成瘾综合征"的人一般有着这些特征:患有严重的社交障碍症,对现实生活中的交往怀有畏惧心理,无法自如地同身边的人进行交谈;自我认同感低,却有着强烈的被认同、被承认价值的渴望。这样的人因为在现实生活中的人际交往上频频受挫,才会在网上寻找安慰。网络所具有的匿名、有限的感官接触等特殊性质,使得他们心中的勇气陡增,在网上,他们伪装成任何一个人,给自己塑造出任何一种性格,并以全新的身份和任何人接触并交流,而这种网络社交的结果往往是好的。一面是体验感极好的网上社交,一面是不断遭遇挫折的现实生活中的交往,两相对比之下,只会更多地重复上网行为,以此来获得更多的心理满足。如此一来,"网络成瘾综合征"就离你不远了。

患有"网络成瘾综合征"的人一般情况下有着严重的社交焦虑和抑郁情绪,在社交方面的羞耻感也很严重。从某一程度上来说,在心理健康方面存在问题的人更容易患上"网络成瘾综合征",比如,那些现实生活中较为内向羞涩、敏感脆弱、不敢和人交谈的人更容易沉迷于网络。例如,一位性格内敛的女士这样说道:"在日常生活里,我根本不敢和异性说话,甚至会逃避眼神接触,但是在网上,我却是个很活泼的女孩,敢于发表个性化的观点,还敢和异性开玩笑。"想要摆脱"网络成瘾综合征",首先就要提升他们的自信,以此来提升他们现实交流沟通的能力。比如,鼓励他们积极参与其他活动,哪怕和邻居聊聊天,每天在下班前和同事打个招呼等,只有一点点去练习,才能逐渐克服心理障碍。另外,人际交往方面的沟通交流是有技巧的,情商也是可以修炼而成的。为了突破障碍,我们可以通过各种渠道去学习人际交往方面的技巧,学习基本的社交利益,再勇敢地将其应用到实践中去,只要我们能在真实社交上尝到"甜头",网络社交对于我们的诱惑力就没有那么大了。总而言之,为了让患有"网络成瘾综合征"的人摆脱网络的束缚,真正融入现实生活中,就要设定一个长期的戒断计划,一点点减少上网的时间,一点点增加社交技巧,一点点修炼情商、增加自信。人不可能永远生活在虚幻世界中,无论网络世界有多精彩,我们最终还是要回归现实,去按部就班地过正常人的生活。

二、网络越轨行为

网络信息无所不有,无处不在,尤其是计算机技术的更新与发展成了信息流动交换的重要途径。信息网络的质量数据流和高度流动性及非物质形态的特性,使信息活动超出了传统概念的范畴。作为大学生这样一个高智商群体,将信息的广泛性与延伸性应用得更加深入。同时也由于大学生的不成熟导致了网络越轨行为的产生,从总体上来看,大学生的网络越轨行为比较突出的大致可以分为两类:网络犯罪与网络色情。

(一)网络犯罪

绚丽多姿的网络世界就像潘多拉的魔盒,在给人类带来种种便利的同时,也带来了阴暗丑恶的一面,它几乎成了犯罪之徒的渊薮。正如国外有位犯罪学家所言,比起现实世界,人们似乎更倾向于在网上犯罪。为此,已处于信息时代的我们有理由相信,随着计算机的运用越来越广泛,网络犯罪正成为一个亟待解决的问题,它很有可能成为互联网时代的梦魇。在网络犯罪中,成年人多出于商业动机或政治目的对他人的网络进行侵入和破坏,但在大学生网络犯罪中,不经允许侵入他人网络是经常发生的,而且在黑客中,大学生的比例比较大,他们大多没有上述目的或动机,更多是类似富有挑战性的攻关游戏,以取得满足感为目的。①美国国防部曾经被黑客侵入,联邦调查局、司法部、航空航天署等很多有关部门会同国外警方经过很长时间的追踪,终于在以色列将黑客抓住。这名18岁的以色列少年,和两个美国加州的嫌疑人,曾数次进入美国防部的电脑系统,但没有进行实质性破坏。犯罪嫌疑人称,他们还为该系统弥补了几个安全上的漏洞。黑客的另一种方式就是制造电脑病毒,恶意破坏网络用户资料。

近年来,大学生因为对法律的无知,利用自身技术优势进行网上犯罪活动越来越多,所以大学生在使用网络的时候也应该越来越注意自己的行为有没有触及法律的规范。

(二)网络色情

大学生网络越轨行为还有一种就是网络色情。由于我国性教育的相对落后,导致大学生对于性有强烈的神秘感,从而导致了很多大学生沉迷于色情网站。苏格兰一家软件公司针对互联网所做的调查显示,每天都有2万多个新的色情网站出现在互联网世界。血气方刚的大学生,自控能力较差,很轻易地就成为色情网的俘虏,很容易沉溺于内容淫秽的数据图像,陷入无尽的色情幻想中,无法自拔。黄毒可以毁坏大学生的道德,也影响他们正常的想象力,使他们难以对学习文化提起兴趣,也致使他们觉得在社会中没有什么值得去努力,在人生中再也没有什么要追求的了。②

大学生渴望对性知识的了解是可以理解的,但是通过什么样的方式来获得是值得探讨的。

(三)畸形网恋

网络扩展了人们生活的边界,也使得人们传递感情的方式得到延伸。在现实生活中,谈恋爱是一件再正常不过的事情,而在网络世界中,男女间的谈情说爱也变得稀松平常。在如今这个社会,网络甚至扮演了月老的角色,成就了很多未曾谋面的情侣间的爱情。而在大学校园中,网恋也是很普遍的。大学生们一般感情丰富、容易冲动,对爱情有着美

---

① 陶国富,王祥兴.大学生网络心理[M].上海:立信会计出版社,2004.
② 陶国富,王祥兴.大学生网络心理[M].上海:立信会计出版社,2004.

好的幻想,对于情窦初开的大学生而言,网络对面的他或她对于这一阶段的自己而言有着致命的吸引力。一旦遇到爱情,他们也就不可自拔地沉溺于爱情之中。

网恋修成正果的案例有很多,然而,更多的网恋却是没有结果的悲剧。很多大学生们心智并未完全成熟,他们并不知道坐在网络对面的他或她究竟是已婚者或未婚者的身份。事实上,很多已婚者为了转移现实生活中的情感压力或寻求刺激,在网络上扮演着未婚者的角色,这也导致了很多畸形网恋的诞生。

有的人在感情上是很专一的,他们只会对伴侣献出一份真心。有的人却三心二意,没有固定的网恋对象,他们同时和好几个人保持暧昧关系,大学生对此却毫不知情,还以为自己是对方的唯一。还有的人为了满足自己的私欲,故意去广撒网,肆意玩弄单纯的人的感情。与现实恋爱相比,网恋更加灵活,隐蔽性也更强,所以有不少人经历过伤人的网络恋情。其中,大学生群体也是容易上当受骗的群体之一。爱情是世间最美好的事情之一,所有的恋爱都应该以真诚为前提,如果对方总是逢场作戏、游戏人生,这段感情只会让你受伤。大学生在此方面应该擦亮眼,一旦意识到自己遇到了这样的人,就要及时止损,不要沉迷其中,以免损失更多。

第四节　大学生网络心理的维护

一、网络心理健康的含义

网络心理健康是心理健康的一个方面,是伴随着网络心理问题的出现而提出的。关于网络心理健康的标准,目前在学术界还没有一个科学的、统一的标准。一般认为,网络心理健康就是人们在使用网络时能够保持积极的心态,离线时能够保持心理平衡,能够较好地把握虚拟与现实之间的关系,在虚拟性与现实性之间以现实性为主导,在线时和离线时能够保持人格统一。我们认为,一个心理健康的大学生在网络心理方面至少包括以下几个方面。

（一）具备正确的网络心理健康意识或观念

一个心理健康的人首先要具有正确的心理健康意识或观念,认识到心理健康的重要意义和现实价值,能在网络环境下调控自己的心理和行为;其次,一个人对网络有正确的认识和态度。一个人对心理健康的无知或知之甚少必然会带来一些心理问题甚至引发心理危机。

（二）线上线下都能保持人格完整统一

一个人在线时能根据一定的目标积极主动地接受和处理有价值的信息,离开网络时能够快速地从虚拟的空间中回到现实生活中,而不是长期沉溺于网络虚拟世界里难以自拔,或者出现不能适应正常的现实社会生活和人际关系的状况。

（三）保持正常的学习、工作和生活的节奏

网络只是我们生活的一部分,而不是生活的全部。上网应该有较强的计划性,无论是为了获取信息还是为了休闲消遣,都要有度,不要因为上网影响了正常的学习、工作和生活,破坏了自己的生物钟。如果因为浓厚的兴趣而不分昼夜地沉溺于网络,显然是不正常心理,因此,培养自我控制能力,对于保持心理健康是很重要的。

（四）保持良好的人际交往能力

网络交往因为具有隐蔽间接的特点,对于一些没有"慎独"素质的网民而言,其自律行为和责任心就会下降,在网上交往时出现明显的攻击性或欺骗性。网络心理健康的人,在离线后能够进行正常的人际交往,保持和谐的人际关系,积极适应周围的环境。

（五）有辨认信息真伪的能力

在网络世界中,信息像汹涌波浪迎面而来,让人目不暇接,真伪难辨。如果用怀疑一切的心态对待网络信息,势必有失偏颇,但如果盲目地接受一切网络信息,势必囫囵吞枣,可能产生错误的导向。例如有人在网络上恋爱多时,见面才发现是同性。类似以上信息,能够有勇气及时纠正自己的认知和行为。

第七章 大学生网络心理维护研究

（六）离线后能保持身体的平衡

在线的时间以身体健康为底线，以不影响身体健康为前提；离线后不会因为使用网络导致身体的感觉器官、神经系统以及其他的身体机能下降或失调，能够保持机体的平衡。

二、大学生网络心理障碍的调适

（一）努力改善网络环境

随着计算机网络技术的不断发展更新，网络环境将会成为人们生存和发展环境的一个重要组成部分，人们将越来越难以离开网络。网络环境不仅造就了人们崭新的学习和交流环境，而且会改变人，甚至改造人。良好的网络环境培育健全的人格，恶劣的网络环境造就有缺陷的人格。为了保障大学生网络心理的健康发展，还需要社会、学校等多方力量共同关注大学生的成长，优化网络环境，为大学生提供一个良好的发展平台。

（二）宣扬正确的网络认知

网络世界既是一个充满自由、开放、平等的世界，也是一个充满着诱惑与陷阱的危险之地。网络只是一个工具，网络资源是人类社会不可缺少的财富，对网络的破坏与滥用就是对社会正常秩序的极大破坏，会危及生活中的每一个人。大学生要认清网络社会并非真实的社会，网上暂时的成功并非是真实的成功，虚拟的情感宣泄与满足也并非能得到真正的快乐，网络带来的并非总是鲜花与美酒，也可能给自己带来苦涩的恶果。

那些迷恋上网而不能自拔的大学生，随着上网时间不断延长，记忆力下降，对学习也逐渐产生厌烦感，进而出现逃课上网，对各种活动漠不关心，进取意识减弱，与周围同学关系紧张等现象。夸大网络的功能进而认为网络是解决一切问题的灵丹妙药，或认为网络使人自我迷失、相互欺骗、社会秩序紊乱，从而否定网络的作用，这样的观点都是错误的。大学生只有对网络树立正确的认知，才有可能正确地面对网络，合理地使用网络资源，准确把握自我，认清自己的真实需要，正确处理现实社会与虚拟社会的关系，避免产生网络心理问题。

(三)自律与自我管理

提起自律,人们总会想起自我约束与自我控制,其实,这只是自律的第一层含义。自律的另一层含义是,它与自由和理性联系紧密,就是要体现出人格尊严和道德觉悟,而不是被内在本能和外在必然性所决定。对于我们普通大众而言,唯有自律,才能在充分的自我掌控的前提下实现自主与自由,养成"慎独"习惯。网络世界是纷繁复杂的,各种身份背景的人带来各种文化烙印、各种价值观和信息,也带来了种种诱惑,在这样一个五光十色、物欲横流的世界里,如果缺乏足够的把控力,就很容易陷入各种各样的陷阱。很多大学生都缺乏强大的心性,且存在认知偏差或侥幸心理,面对各种诱惑总是难以自拔,沉迷其中时就容易产生不同的网络心理问题。

很多大学生之所以沉迷网络世界,是因为在现实世界里受了挫折,为了逃避某些现实责任,他们一头扎进网络世界里,追求一波波精神刺激。而这种精神上的刺激只会使其心灵越发麻木,社会责任感越发淡化。这种精神上的刺激无法解决他们在真实人生旅途中遇到的各种问题,反而会使这些问题愈演愈烈。这种情况下,很多大学生甚至会产生非理性的甚至是反社会的行为。

网络社会是相对自由的,正因如此,我们更需要保持自律。大学生应合理安排好自己的日常生活,保持正常的生活、工作和学习规律,控制上网时间。同时,要勇于直面现实、直面人生,积极面对现实,应多参加有益的社会活动,从网络的迷恋中解脱出来。

(四)开展网上心理咨询

开展网络咨询应从以下几方面入手。

(1)利用网络快捷、保密性好、传播面广的优势,开设网上心理咨询。例如,设立心理咨询网站,传播心理知识,进行网上行为训练的指导,开设在线心理咨询。

(2)抓好学生上网的心理、网络人际交往的心理特征、网络心理障碍、虚拟与现实的人际关系的比较等大学生网络心理问题的研究,确立一套可操作、有效性强的网络心理障碍咨询方案。

（五）加强网络管理，规范网络行为

良好的网络环境培育健全的人格，恶劣的网络环境造就有缺陷的人格。社会、学校等多方力量应加强对上网场所的监管，净化上网环境。一方面要与校外网吧管理部门加强联系，另一方面要加强对校内上网场所的监管。对校内营利性网吧，学校在不干涉其内部运作管理的前提下，与开设网吧的业主进行协商，对网吧容量、营业时间等做出限制，同时，指定管理员随时监控，抵制不良信息的侵入，净化网络环境。对校内非营利性性质的上网场所的管理，主要指对具有教学功能的上网场所的管理。学校应制定管理规定，严格教学纪律，防止学生借此大过网瘾，背离教学目的。学校还要大力开展网络道德的宣传教育。

第八章　大学生品德心理维护研究

我国大学教育的培养目标是塑造德智体等方面全面发展的,有理想、有道德、有文化、有纪律的一代新人;同时又是富有创造才能的高级专门人才。加强大学生品德心理维护是培养社会主义建设事业的建设者和接班人的重要保证。因此,如何根据大学生的心理特点,通过有效的教育途径和方法,培养大学生的优良品德,是大学生心理健康维护所研究的重要课题之一。

第一节　大学生的品德心理结构

大学生品德心理就是从心理学的角度去揭示大学生品德的心理结构、形成过程及其变化的规律,阐明若干教育途径和措施的心理学依据。

一、品德与道德

品德与道德是密切相关而又有区别的两个概念。为了正确地理解品德,必须知道什么是道德。

道德是一种社会现象,属于社会意识形态范畴。在社会集体生活中,人们为了维护共同的利益,协调彼此的关系,便产生了调节行为的各种准则或规范。遵守这些规范会受到舆论的赞许或感到心安理得,否则会受到舆论的谴责或感到内疚。这些由社会舆论力量与内心驱使来支持的行为规范的总和便是道德。人们以此来辨别行为的是非、善恶、美丑,指导和调节行为。在阶级社会里,由于各个阶级对于善与恶往往有各自的标准,因而道德从总体上说也就有了阶级性。而社会上占统治地位的道德总是统治阶级的道德,它作为社会意识形态,为现存的经济基础服务。同时,道德现象又体现在各种社会关系之中,因此,道德又具有社会共同性。如要求社会各成员必须遵循的共同生活准则,包括尊老爱幼、诚实信用、讲究卫生、文明礼貌等。

品德就是道德品质,即所谓的德性、品行。品德与道德有着很深的渊源,但却不是一回事。[①]

道德是一种社会现象,是一定社会中调节人与人之间关系的行为准则和行为规范。假如这世界上只有你一个人,也就无所谓道德不道德。你可以夜半弹琴,可以随地吐痰,可以横冲直撞,只要你愿意。但是有了人类社会,有了人与人的相互关系,个人的言行就必须遵守一定的规则,以减少彼此的冲突与伤害。你必须保持安静以免打扰他人的休息,你必须把痰吐在痰盂里以免影响他人的健康;你必须遵守交通规则以免妨害他人的安全。你遵守这些规则与人方便,你维护这些规则与己方便。同样依靠这些规则,你的休息才不受打扰,健康才不受损害,安全才有了保证。所以,道德在舆论和良心的驱使下,成为维系社会发展的基础、衡量一个人好坏的标准。

而品德是一种个体的心理现象,是社会道德在个人心中的内化与折射,是道德信念通过言行表现出来的稳固的心理特征。品德来自道德,评价一个人品德水平的高低要依赖于他所在社会的道德要求。品德又是一种个性,是一个人区别于他人的独特之处。一个人在日常生活中的一言一行都是在展示着他的操行。历史上有很多人对他们所处的时代产生过深远的影响,但有人流芳百世,有人却遗臭万年。品德的优劣就成了他们是非成败的关键。为社会造福的人是有德的人,他们名垂青史;给他人带来灾难的人是无德的人,他们遭到后人的唾骂。

随着人类社会的发展,道德的内容在发生着变迁。不同的社会有着不同的标准。从春秋到近代,我国一直以仁义治国,认为一个品德高尚的人对国家、对君主要忠,对父母对长辈要孝,对人民对社会要仁,对朋友对他人要义。这"忠孝仁义"就成了衡量一个人品德高低的标准。

中华人民共和国成立后,曾把我国国民的公德概括为"五爱":爱祖

[①] 曾铁然,张大钧.大学生品德心理[M].成都:四川教育出版社,1990.

国、爱人民、爱劳动、爱科学、爱护公共财物。之后,"五爱"就成为我们进行思想品德教育的主要内容。我国台湾教育家冯定亚女士提倡把忠心呈给国家,把孝心献给父母,把信心留给自己,把热心传给社会,把爱心送给大家。她将"五心"作为每个人品德的原则。无论内容怎样变化,品德的基本原则都是一致的,那就是使人处理好与社会、他人、自己的关系,更好地适应社会生活。

二、品德的心理结构

（一）品德心理的横向结构

品德心理结构,从横向角度考察,主要由道德认识、道德情感、道德意志、道德信念、道德行为五种要素组成。这五种要素是个体品德心理的基本划分。这五种心理因素,在个体的品德形成过程中,相互渗透、相互影响,其中,道德认识是道德情感、道德意志、道德信念、道德行为的前提和基础。道德情感和道德意志是由道德认识到道德行为的两个必备的内在条件,道德信念是核心,是道德认识转化为道德行动的内在驱动力。道德行为是道德认识、道德情感、道德意志、道德信念的完成,道德行为是品德的评价依据和综合表现。[①]

1. 道德认识

道德认识是品德的基础,是道德情感、道德意志产生的依据,对道德行为具有定向的意义,是行为的调节机构。

道德认识是品德形成的前提和基础。知道什么是符合道德的行为,做了是有德,不做是缺德。对于缺乏道德认知能力的小孩儿和精神病人,不管他们的行为是否符合道德规范,我们都不能评判他们的品德,因为德并不在他们心中。婴儿裸奔不能说下流,疯子骂人不能说无德。品德总是从认知开始,不知者不怪。

道德认识的对象是:人与自身的关系;人与人、人与社会的关系;人与自然的关系。首先,在社会生活中,个人要完善自我,必须首先认识自己,只有认识了自己的价值和特点,才能发挥长处弥补短处,才能开始约束自己或将社会的要求内化为自己的愿望,提高自己的道德境

---

① 孙非,张宝锋.大学生心理导论[M].北京:中国经济出版社,1992.

界。其次,个人要完善别人,也必须认识别人,认识别人的利益所在,认识别人的要求和行为规律,这样,才能向他人提出要求,才能在处理个人与他人的关系时,以有利于人的完善为标准,促进他人全面发展。最后,个人要完善社会,必须全面了解和认识社会,认识社会关系的复杂构成,认识社会发展的客观规律,并认识由这一规律所决定的道德原则及其道德规范,从盲目走向自觉,从必然走向自由,促进社会不断进步,不断上升到更高的水平。大学生只有深刻地认识自我、认识他人和社会,才能相应地选择正确的方向。道德认识的过程,是一个复杂的心理活动过程,它是个体对价值进行的取舍活动。当一个人和社会发生交互作用时,会产生心理过程,形成道德感知,进而进行道德判断,最后形成道德认识。大学生的道德认识,就其心理内容来看,主要包括是非观念、自我道德认识和道德理想。

2. 道德情感

道德情感是人在工作、学习和生活中对他人或对自己的行为是否符合自己已掌握的道德准则或道德需要所产生的憎恨、喜好或厌恶等情感体验。如自尊感、荣辱感、友谊感、同志感、集体荣誉感、责任感、爱国主义情感等。道德情感是个人道德行为的内部动力之一,是从道德认识到道德行为的中间环节,它左右着行为的决策和发动。当道德观念和道德情感成为经常推动个人产生道德行为的内部动力时,它们就成了道德动机,道德动机是道德行为的直接动因。

道德情感是与道德要求相联系的内心体验。当人们的行为和观念符合社会准则时,心理上就会产生愉悦的满足感;反之,就会产生内疚和悔恨的情感。在看到他人违反道德时感到厌恶、反感、气愤;在听到奏国歌时感到激动、庄严、神圣;在看到我国体育健儿夺取金牌时感到骄傲、自豪、兴奋。道德情感是促使人们改正不道德行为而作出道德行为的催化剂。人若无情,也就无荣无耻,何谈道德?

道德情感是个人对自我和他人的行为和意识是否符合社会道德准则而产生的内心体验。道德情感开始于道德认识。情感通过认识而生,而认识又通过情感而成。道德情感在品德的形成中具有重要作用。第一,道德情感常常推动着道德认识,道德情感不仅可以产生动机,而且可以纯洁动机。道德情感可以激发人们追求道德真理的热情,有无道德情感以及情感的强弱常常对于能否顺利达到认识的目的有举足轻重的作用。第二,道德情感活动是从道德认识到道德行为发展的契机。"知"必须向"行"过渡,不能转变为"行"的道德认识不能称为真正的道德认识,道德认识只有转化为道德行为,才真正完成了使命。从认识转化为行为,道德情感常常起着推动的作用,担当着从道德认识到道德行为的中介或桥梁。

道德情感的活动形式具有多样性,但总起来看,可以归结为二类:一是指向他人或社会的道德情感活动,如同情、尊重等,二是指向自身的道德情感活动,如羞耻、自尊等。

3. 道德意志

道德意志是指一个人自觉地调节道德行为,由于个体道德意志力强弱不同,人们的道德行为就表现出不同的水平。它是力求使世界发生某种变化的心理过程。道德意志是道德认识转化为道德行为的关键环节,是调节行为的真正力量。只有当个体内心形成一种较为稳定的道德意志之后,他才能不以外部环境的影响为转移,而以内心的道德意志来调节与控制自己的行为。

道德意志是指克服困难来达到一定的道德目的的活动。道德有时意味着为遵守规则而克制自己,为了集体的利益而牺牲个人,没有一定的道德意志是无法做到的。道德意志能够调节人的行为。儿童由于意志水平低,无法调节自己的行为与观念保持一致,往往是说到做不到,言行不一。一些品行不良的青少年虽然迷途知返,怎奈意志力差,抵抗不了物欲的诱惑,重又跌进深渊。可见道德意志是推动行为的一个有力杠杆。

具有坚定道德意志的人,可以面对冷峻的现实不畏不惧,投身生活的长河不随波逐流,抵御住现实生活中的各种诱惑,用理智战胜欲望,坚持道德的行为,将自己的道德认识与道德行为付诸实现。而道德意志薄弱的人则习惯于将自己的活动交给他人、社会和权威者安排,按照外界的意志去行动,既不承担风险与责任,也可免除决定的烦恼与忧愁。由此可见,道德意志在品德形成过程中起着特殊的作用,没有道德意志,道德认识难以转化为道德行为。

4. 道德信念

个体在形成一定的道德认识之后,道德情感的产生往往又强化了这

第八章 大学生品德心理维护研究

种道德认识,此时,便会形成某种道德信念。道德信念是个体对世界、对社会、对人生、对某种道德规律的某种坚定、执着的理解和信仰,是激励人们按照这一理解和信仰去行为处事的高级动机。道德信念是内化的道德标准,它告诉人们应该做什么,不应该做什么,激励行为者按照自己的规定选择行为。道德信念一经确立,便会以明确的目标,规范人们的行为。

道德信念是个体认识事物的出发点,是个体判断是非的准则,也是激励人们活动的精神源泉,道德信念是一种发自内心的、主动要求得到维护和实现的道德需要。具有坚定道德信念的人,往往能热烈追求某种崇高的理想人格,不惜一切代价地履行自己的道德义务。在品德心理构成中,道德信念居于主导和核心的地位,它常常对品德的其他心理成分起支配和调节作用。

5. 道德行为

道德行为是人在道德意识支配下所采取的行动。一个人的道德面貌是通过道德行为来表现的。高尚的品德不是说出来的,而是做出来的,而且要形成行为习惯。一个杯子里装满水,碰一下,洒出来的必是水;一个杯子里装满奶,碰一下,洒出来的必是奶。同样,一个真正有德的人,在日常生活中无时无刻不在展现着他的德行。知、情、意、行互相联系,不可分割。一个人的品德在这四个方面的发展应该是协调一致的。

道德行为是衡量品德的重要标志,因为任何一种品德都要转化为相应的道德行为才能被确认为个体是否达到人们所要求的道德目标。看一个人的品德,主要不是看他认识到什么,而是看他是否言行一致。一个欲望强烈而缺乏自制的人,在行为上可能与他的是非观念相矛盾,这是在品德不良的个体中常见到的。道德行为是品德的终端,它对道德认识、道德情感、道德意志还起着巩固和增强的作用。[1]

道德行为是个人基于一定的道德认识,为履行一定的道德义务,而对社会集体和他人所做的外部反应活动,是个人有意识的、旨在创造一种理想状态而进行的"应然"活动。道德行为是个体在一定的道德认识、道德情感、道德信念、道德意志支配下进行的活动;是个人根据自己的意志,自愿抉择而做出的行为,是个体做出的、影响到他人或社会利益

---

[1] 陈庆良,丁昭福,刘明颤.大学生心理学[M].贵阳:贵州教育出版社,1995.

的、具有特殊社会意义的行为。道德行为是道德认识和道德情感的具体表现和外部标志。个体的品德是以人的外部言语、行为举止来表现和说明的,因而,道德行为又是道德品质的评价依据,也是品德的终端。道德行为对道德认识、道德情感、道德意志、道德信念起着巩固和加强的作用。道德行为是从动机到效果的运动过程。一般而论,在道德行为总体上,动机与效果是相互贯通、相互一致的,有什么样的动机,就相应产生什么样的效果。但客观上,由于内外多方面因素的干扰,动机与效果之间往往又会呈现出矛盾与差异,甚至性质相反的情况。这时,对行为的评价与考察,不仅需要"视其所以、观其所由",而且需要"察其所在"考察行为的效果。

在道德行为的完成过程中,还包括目的与手段两个因素,目的是个体为行为确定并力求达到的目标,手段是个体为达到目的而采取的方法、方式、途径。目的决定和规定手段,有什么样的目的就会有什么样的手段,目的的性质往往决定着手段的性质,高尚的目的必由高尚的手段来实现,而卑劣的目的也常常配之以邪恶的手段。目的决定手段,但目的不能证明手段,不能因为目的正当,就认为可以不择手段,目的决定手段也有一定的限制和条件。

(二)品德心理的纵向结构

个体的品德心理,从纵向角度考察它的构成,是根据个体心理发展水平划分的。品德心理结构的发展是个体生理、心理发展的历史过程。品德心理结构的发展是伴随着人的生理、心理发展而发展的,其中,心理的发展占据着主要的地位。

根据个体心理发展水平,品德心理结构的发展大致可以划分为四个阶段,即:萌芽期、形象期、独立判断期和稳定期。

1. 萌芽期

从发展心理学的角度看,学龄前儿童的品德心理结构多属于这一阶段。这一时期的品德心理主要由简单的知觉、期望、情绪和动作所构成,它们是儿童若干切身需要而产生的相应反应,基本停留在本能的层次上。这一时期由于儿童对外界尚不能做出独立的自我判断,他们的品德不是经过自觉选择之后的品德,他们的品德是受外界支配的品德,往往是行为的物质后果决定着他们的是非标准,对个体的奖励与惩罚支配着

第八章　大学生品德心理维护研究

个体的行为表现。因此,这一时期,个体的品德不是真正意义上的品德。

2. 形象期

从个体的心理发展来看,处于小学和初中阶段的个体,其品德结构基本属于形象期。它主要由道德表象、道德情景、道德榜样、道德行为模仿构成,它除了具有切身需要意义外,也具有集体需要意义。这一时期是个体品德形成过程中的基础阶段。

3. 独立判断期

从心理发展水平来看,高中生、大学生大致处于这个阶段。个体在这一阶段,他们的生理和心理都有了很大的发展变化,思维水平已开始从形象思维逐步上升为抽象思维、逻辑思维,自我意识也得到高度发展。这一阶段,道德认识中开始有了独立的、自觉的道德判断,对道德现象的认识也开始趋于对质的把握。道德情感在这一阶段日益丰富而强烈,开始较大地影响着个体品德的形成。道德意志也开始明显地在个体道德行为的完成中起协调作用。道德信念也开始趋于确立、形成,对个体道德行为的选择有了主导和支配的作用。道德行为则进入能够通过自己的意志力量去实现较为困难的道德目的的阶段。在这一时期,品德心理较萌芽期、形象期有了很大发展,但还是不稳定的,个体的品德心理还易受外界环境条件和周围人的影响,客观外界某一因素的变化,可能会使个体改变对社会生活意义的看法。

4. 稳定期

从心理发展角度看,大学生群体中的一部分人、成年人大致处于这个阶段。随着个体道德认识水平的提高,个体逐步建立起自己的、合乎社会发展规律的道德理想,并开始力图以道德理想对自己的行为进行科学的评价。这一阶段,道德认识在道德情感作用下,已逐步形成稳定的道德信念。道德情感则以强烈和深沉的形式,稳固地蕴藏在个体中,影响个体的行为选择。道德意志的发展趋向完成,形成顽强的道德意志。行为个体在坚定的道德信念支配下,在顽强的道德意志作用下,在深刻的道德情感影响下,其道德行为整体趋于一致,且逐步形成一种行为习惯,成为行为个体的一种自然反映,从而形成某种品德。在这一阶段,品德心理的五种基本成分相对保持稳定。

第二节 大学生常见的品德心理问题

一、大学生品德心理问题的心理特点

大学生品德心理问题除了与一般大学生心理有共同之处以外,还有一些心理品质应该特别引起我们注意,并设法予以矫正。现在将这些心理品质概括为以下几个方面。

(一)道德观念模糊,是非不清

大学生品德心理问题绝大多数道德观念十分模糊,缺乏正确道德判断能力,甚至是非、善恶颠倒。他们往往把吃、喝、玩、乐视为"实惠",把带有浓厚封建气味的"哥们义气"当成真正的"友谊",把守纪律当成影响个性发展的障碍物,把自由和纪律对立起来。他们精神空虚、贫困,没有远大理想,信念不稳定,缺乏进取心。

品德不良的大学生由于道德观念模糊,是非不清,所以鉴别力差,最易受不健康东西的影响。例如,一些品德不良的大学生对一些不健康的小说、刊物和小报,无批判地接受其中的错误观点,模仿消极的处世态度。他们往往听不进师长和品德优良的学生的正确意见,甚至将糊涂认识变为恶劣的行动。

(二)缺乏正确的道德情感,情绪消极多变

他们对家长、教师和同学们的批评听不进去,甚至格格不入,产生反感、对抗。对自己既自卑又自尊,自己有时瞧不起自己,又不允许别人蔑视自己。他们情绪多变,高兴时狂欢乱舞,愤怒时暴跳如雷;犯了错误,有时也会"痛心疾首",而事后又觉得无所谓。[1]

(三)行为习惯不良

品德不良的学生往往有许多坏习惯,最常见的几种是:对人不诚

---

[1] 曾铁然,张大钧.大学生品德心理[M].成都:四川教育出版社,1990.

实,惯于说谎;好逸恶劳,不惜时光;自由散漫,不守纪律;流氓习气,低级趣味;爱占小便宜,有偷窃行为等。这些不良行为习惯在不同的人身上发展程度不同,表现形式也不一样,但其危害是严重的。若不引起注意和纠正,就会向更严重的方面发展。×××学院五名大学生走上犯罪道路的事实就是一个典型的例子。这五个大学生原来都是学习"尖子",共青团员,他们考入大学后,由于学校和家庭放松了思想教育,他们结识了社会上一些违法青年,从生活上开始浪荡,羡慕、仿效不健康的生活方式,接着就追求吃、喝、玩、乐。为了满足自己的物质欲望,结伙进行盗窃,拦路抢劫,走上了犯罪道路。

二、大学生常见的品德心理问题

大学生的素质相对较高,与社会上的同龄人比起来,行为不良、触犯刑律的人并不多。但是在他们中间也确实存在着大量的、不同程度上的品德发展障碍。大学生在品德心理方面出现的问题有比较集中的领域,主要表现在以下方面。

（一）强烈的个人欲望与缺乏现实性的冲突

大学生正是充分体验自身的欲求和需要的时候,同其他年龄人相比,求欲值更高。他们有着优良的个人素质,同时也期望社会能为他们提供更优越的条件。但是,他们经济上尚未独立,生活的范围还很狭窄,这就大大限制了他们欲求实现的可能性。在这种冲突下,如果不能有效地抑制自己的欲求,就不得不采取一些不正当的方式来获得满足。这时出现的品德障碍主要表现在两个方面:一是对物质的过分追求。大学生的消费水平很高,但是他们的收入却很有限。如果一味追求物质的享受,那么私欲的膨胀就会引发不良行为,从占小便宜到盗窃、抢劫。二是对异性的过分倾慕。大学生的性发育已经成熟,但是由于经济、社会、法律的限制而无法确定稳定的婚姻,性欲不能以正常的方式获取满足,加之大学生易受一些新潮的自由化思想的影响,而发生一些玩弄异性、婚前性行为等不良行为,来满足自己生理上的欲求。

在大学生的自我发展中,他们对理想自我的追求,对自尊、自强的强烈渴望,对自身人格发展的高度关注,是推动大学生走向心理成熟的内在动力。由于各种因素的影响,大学生在自我意识和人格发展中会遇到各种各样的困扰,如过分追求完美期望值太高、非理性的认知自我评价能力不高、人格中的各种缺陷等。这些发展和适应中的问题如果长期得不到解决;势必会引发一系列的心理冲突;不利于大学生心理的成长和发展。

(二)独立自主的需要与家庭、社会管束之间的冲突

大学生独立自主的意识非常强烈,他们不仅认为自己可以离开家庭,对自己的事儿自己能作出决定,而且还认为他们可以脱离世俗的束缚来超然地看待世界。可是他们还与家庭存在着千丝万缕的联系,与学校的纪律要求存在着矛盾。我行我素的行为,总是受到约束的。因而有些人感到自己的自由受到了限制,委屈、牢骚、怨恨。而这种对立的情绪一出现,就容易伴随着一些不良的言行,如顶撞师长,损坏公物以及酗酒打架等。[①]

(三)自尊的需要与人微言轻的冲突

大学生在中学阶段可能曾是所在学校的佼佼者,受到师长的器重和同学的敬佩,但是一进大学,这种优越感骤然消失了。大学里,哪个学生没有一段光辉的历史?哪个学生没有着过人的才华与能力?做了十几年的学生领袖,也有可能一下子变成了班级中普通的一员。没有奖杯,也没有了掌声,这会使一些同学从心底油然而生一种惆怅和失落。沉寂与苦闷中,有些人奋发向上,重新找到了自己的位置和方向;有些人则颓废沉沦,或沉醉于烟雾酒气之中,或缠绵于花前月下,既荒废了学业,也忽视了个人的修养与成长。他们的生活从此蒙上了一层灰暗的色调,没有了朝霞与阳光。

(四)希望成功与学习不良的冲突

走进大学的不一定都是同龄人中最优秀的,但是至少在学习上,他们是成功的。在中学阶段,学习上能成功似乎意味着一切,它关系到是否会受到表扬,是否能当学生干部,是否能入团。他们深知学习成绩的重要性,坚信成功等于百分之九十九的汗水加百分之一的天赋,知道是

[①] 刘立东,王春荣.大学生心理健康导引[M].大连:大连理工大学出版社,1994.

第八章　大学生品德心理维护研究

无数个不眠之夜换来了一张录取通知书。在大学,他们同样下定决心努力学习,要赢得更辉煌的成绩。在第一个学期里,几乎所有的学生都埋头于教科书中,为每一次考试做着积极的准备。但取得优秀成绩的终是少数。大学的考试,要求有广博的知识、深刻的思维和创造性地解决问题。而且功夫在课外,比的不再是老师教的知识,而是每个人的自学能力。一些人会感到难以适应,而无法达到预期的成绩。这对于注重学习成绩的人来说无疑是个很沉重的打击。这种失败不仅影响了一个人的情绪和个性,也为品德的发展带来了障碍,抑制了大学生潜能的开发,造成了部分学生的留级甚至休学、退学等后果。

（五）渴望友谊与交友困难的冲突

青年时代是一个渴望友谊的年龄,大学生从家庭中独立出来,便把情感寄托于同龄群体之中。但是大学生群体不像中学生群体那样具有同质性,他们来自大江南北、城市农村,彼此的社会背景、知识结构、生活方式都存在着很大的差异。然而由于缺乏人际交往的经验和技巧,使得在大学生中交友变得很困难,结识一个人很容易,但是交一个朋友,一个知心的朋友却并不容易。越是没有朋友的人越是渴望友情。一方面,闭锁的心灵给他们的交往带来很大障碍;另一方面,渴望关怀的人却抵御不了温情的进攻,而盲目地陷于感情的纠葛之中。没有朋友会迷失自己,交友不慎则会带坏自己。

（六）不良习惯与集体规范的冲突

有些大学生第一次离家住集体宿舍,没有集体生活的经历;有些大学生是家中唯一的孩子,缺乏与兄弟姐妹共同生活的经验。自己住一个房间时,可以随心所欲,但集体生活场所、时间都是公共的,因此,一个人的行为无时不对他人产生影响。这种集体规范会给有不良习惯的同学带来思想和行为上的冲突。熬夜、抽烟、吹拉弹唱、边听音乐边看书,这些不良的习惯会与集体规范发生冲突。为了逃避这种冲突,他们可能独来独往,逃避集体活动,久而久之,就与集体拉开了距离。这样,不但不能改正已有的不良习惯,还容易养成新的不良行为。

（七）道德动机与道德行为的冲突

许多事都是说起来容易、做起来难。大学生常常抨击时弊,但自己有时也会卷入一些不良行为中。思想上是巨人,行动中却是矮子。这种动机与行为的脱节是大学生中常见的品德发展障碍。随着知识的增长,大学生已能够对一些事作出正确的判断,知道何是何非,孰对孰错,可是真正自己做起来就是另一码事了。那些不良的行为方式和习惯还在支配着他们,那种不拘小节的思想还存在于他们的脑海之中。虽然有征服世界的雄心,却没有征服自己的勇气,这是当代大学生的一种不良表现。

(八)与恋爱和性有关的心理问题

由于处于青春期,大学生对恋爱及两性问题比较关注和敏感,这方面引发的心理问题较中学时期大为增加。如有的女生刚入学就受到高年级男生或同班男生的约会邀请,不知如何应付而陷入苦恼;有的为了填补精神和理想的空虚而在异性交往中寻求慰藉;有的学生看到同伴交朋友而自惭形秽;有的因失恋而沮丧萎靡不振;有的因单相思或多角恋爱而难以自拔等。除了恋爱引发的各种心理困惑外,还有部分学生因各种原因而导致性心理方面的问题。如有的因手淫而背上沉重的精神负担,有的沉溺于性幻想,有个别学生甚至出现性变态行为。与恋爱和性心理有关的问题,是高校品德心理应该重视的一个领域。[1]

(九)与择业有关的心理问题

这是随着高校毕业分配制度改革,原有的计划经济体制下的国家统包向市场经济体制下的自主择业转换以后,引发出的大学生的新的心理问题。不少应届毕业生对这种新的分配体制不适应,出现种种困惑和苦恼。如有的学生面对人才市场五花八门的招聘无所适从;有的学生缺乏择业的主动性,对择业中的消极社会现象或逃避、或愤激,有时产生过激反应;有的学生对面试缺乏自信,不善于自我推荐等。这些问题在毕业年级中比较突出。

三、大学生品德心理现状分析

大学生正处于青春发育期,又是经过中学及高考的多次体检合格而

---

[1] 孙非,张宝锋.大学生心理导论[M].北京:中国经济出版社,1992.

第八章　大学生品德心理维护研究

进入高校的,罹患各种身体疾病的确实不多,这种现象往往掩盖了部分学生心理健康状态不良的事实。从科学的健康观分析,无论是学生本人,还是学校管理者,普遍存在着忽视大学生品德心理状况的倾向。

尽管我国大多数大学生的品德心理状况是好的或比较好的,但出现心理疾患的学生的比例仍然相当高,有些甚至比较严重,已经明显影响到他们的正常生活和学习,形势相当严峻。为了全面落实党的教育方针,促进每个大学生身心素质的健康发展,大学生的心理健康问题必须引起全社会的关注。

第三节　大学生品德心理的维护

心理健康教育是运用心理学和其他相关学科的理论和方法,通过多种途径,维护和增进学生的心理健康促进学生整体素质提高和个性和谐发展的教育。品德心理的维护的目的是提高大学生品德心理水平,培养大学生健全的人格,增强其承受心理挫折的能力和适应环境的能力,优化大学生心理素质,预防和减少心理疾病,促进大学生身心健康发展。

一、品德心理维护的内容

（一）智力发展的教育

使学生了解智力发展的规律、分布特点及自身智力发展的水平与特点,通过多种能力的培养,开发学生的潜能。智力发展教育的一个重要内容是对学生进行学习指导,指导学生如何迅速适应高校的学习,掌握高校的学习方法,养成良好的学习习惯,培养具有独立思考能力和探索精神的创新人才。同时,又能自觉调整学习焦虑,科学用脑,提高学习的效率。

（二）非智力因素的培养

非智力因素指动机、兴趣、情绪、意志等心理因素。这方面的任务主要是如何激发学生的成才动机和学习兴趣,如何培养学生健康的情绪,锻炼其坚强的意志,重点在于情绪的调控。情绪是引发大学生心理问题的主要原因之一,历来受到心理指导工作者的高度关注。

(三)社会适应教育

随着我国社会政治、经济体制改革的深入,转型时期的各种矛盾更为复杂突出,每个大学生无论学习、就业,都面临着前所未有的激烈竞争。如何使学生了解社会变化发展的特点与趋势,正视现实,增强竞争意识,提高对社会和生活的适应能力与心理承受能力,是品德心理维护的重要内容之一。此外,社会适应教育还包括新生入学后的环境适应教育、择业和求职指导教育等诸多内容。[①]

(四)人际关系和谐教育

主要任务是使学生了解人际交往与人际关系的基本知识与技能,学习与他人交往并保持良好的人际关系,尊重和悦纳他人,学会与人共处;处理好与同学、异性、家长、教师等各方面的关系。

(五)人格健康教育

主要任务是使学生了解健康人格的标准及培养途径,能客观而准确地认识自我、评价自我,促使个体心理素质优化和人格完善,矫治部分学生的人格障碍,把面向全体学生的发展性教育和对个别学生的矫正性指导结合起来,使每一个学生的人格都得到健全发展。

二、品德心理维护的途径与方法

促进大学生品德心理的途径与方法很多,通常要从以下几个方面入手。

(一)将品德心理的维护课程纳入学校的正常教学体系

品德心理的维护是面向全体学生心理发展的教育,在学校的特定环境中,课堂教学是进行品德心理维护的主渠道。根据教育行政管理部门的要求,我国许多高校已以各种形式开设了系统的品德心理的维护课程

---

① 郑航月,夏小林.大学生心理健康教育[M].重庆:重庆大学出版社,2018.

第八章 大学生品德心理维护研究

或相关课程,使学生比较全面地了解了品德心理维护的意义、内容、体系、基本知识,掌握了维护自身心理健康的方法。这些课程的开设,对于普及品德心理知识起到了重要的保证作用。在师范院校,师范生学习和了解系统的心理健康知识,不但有益于他们自身心理素质的改善,而且可以提高他们将来从事教育工作的职业素养和职业技能。21世纪对教师职业提出了更高层次的要求,教师不但是学生知识、技能的传授者,而且应该是学生心理健康的指导者,履行着学生"心理医生"的职责。[①]因此,把品德心理的维护课程纳入学校正常教学体系,既是学生自身发展的需要,也是面向21世纪教育教学改革的必然趋势。除课堂教学这种形式之外,我们还可以采取专题讲座的形式,针对不同时期、不同对象的学生,根据学生普遍存在的带有共性的心理问题,进行专题报告或讨论。如"大学新生如何渡过心理适应期?""考试焦虑与缓解""如何展示推销自己,顺利择业?""走上社会前的心理准备"等,这类知识讲座是课堂教学的补充,而且对象明确,及时实用,一般较受欢迎。

(二)积极开展心理咨询

心理咨询是运用心理学的原理与技术,通过咨询员与求询者的交谈协商、指导过程,助人自助,达到促进身心发展,解除心理问题的活动。心理咨询是保持和维护心理健康的重要途径,是学校品德心理维护的经常性工作,具有不可替代的特殊功能。

心理咨询早在20世纪30年代即出现在美国的大学校园里,美国和欧洲发达国家的高校普遍都设有大学生心理咨询机构,在帮助大学生适应校园生活,排解学习与生活上的精神压力,调节人际关系,确定职业发展方向等方面起着重要作用。它们的工作范围比较广泛,已成为学校行政管理的重要组成部分,在某种意义上成为高等教育现代化管理的标志之一。我国港、台地区心理咨询起步早,机构完善,活动内容丰富,已形成富有特色的服务系统,在维护学生心理健康方面发挥着重要作用。如台湾的心理咨询又称为心理辅导,高校学生辅导中心一般有10~20人的编制,服务范围比较广泛,已初步形成自己的体系,在队伍建设、教材建设、测验工具的开发等方面有很多值得我们借鉴的地方。香港的心理咨询机构由受过专业训练的人员组成,一般均需获得硕士以上学位,

---

[①] 曾铁然,张大钧.大学生品德心理[M].成都:四川教育出版社,1990.

具有很好的专业素质。以香港城市大学为例,香港的心理辅导重视促进学生的全面发展和潜能开发,辅导形式多样,重视学生的各种能力和心理素质训练,而且比较突出学生的就业辅导。我国内地高校心理咨询活动开始于20世纪80年代中期,十几年来有了长足发展,并逐渐走向正规化的轨道,已由自发的民间活动向政府行为发展,受到了各类高校领导的重视。大多数高校设置了咨询中心或辅导中心,开展了丰富多彩的服务项目,深受大学生的欢迎。大学生心理咨询的形式有个别咨询、团体咨询、电话咨询、信函咨询等,主动前来咨询的学生日益增多,关心自己的品德心理、优化个人心理素质的意识正在增强。

(三)建立三级心理健康保健网

大学生品德心理工作必须有一定的组织保证,必须形成全校师生的共识,调动教职工和学生的积极性和参与意识,才能取得切实的成效。北大清华等高校心理工作者和思想政治工作者,根据我国高校实际,提出了建立高校三级心理保健网的构想。传统的三级保健网着眼于防病治病,现代的三级保健网着眼于促进人的身心健康和发展,提高人的适应能力和生活质量。

1. 大学生品德心理保健网的三级功能

(1)初级功能:防治心理疾病。当代大学生处在变革的时代,又恰是变动不居的年龄阶段,心理矛盾比较突出和集中。

(2)中级功能:完善心理调节。大学生在学习、交友、恋爱、择业等一系列生活事件中遇到挫折,会引发许多心理困扰。

(3)高级功能:发展、健全个体。心理保健的高级功能是帮助大学生认识自我,发现自己的潜能,保持良好的心态和健康的生活方式,全面地发展自己,完善人格,展现个人的价值。

2. 三级心理保健网络

(1)初级保健网:由受过培训的学生组成。品德心理的维护工作者通过各种途径对他们进行培训,作为初级保健网的心理保健员和咨询员。他们生活在学生当中,与学生接触密切,便于及时发现同学中的问题,并及时向高一层次保健网介绍、反馈和联系,充分发挥初级网络信息畅通、贴近学生、反应快捷的优势。学生咨询员每班可设置3~5人,

第八章 大学生品德心理维护研究

可选择那些有群众威信、正派、坦率、真诚、热心公益、待人热忱、富有同情心、敏锐、善解人意的学生担任咨询员,作好老师的助手。

（2）系级保健网：由各系部从事学生工作的人员组成,如班主任、辅导员、学生部工作人员及部分政工干部。他们在教学和政治工作一线,与学生接触直接,关系密切,了解学生的思想和心理状态,大量的实际工作是由他们去完成的。[1] 在接受比较系统的品德心理知识培训后,不仅有利于思想政治工作和学生管理工作的科学化建设,而且可以使他们有效区分思想问题和心理问题的不同点,从新的视角来认识和处理学生中的各种问题,使思想和管理工作更具"人情味",更符合学生的心理发展水平和个性特点。

（3）校级保健网：由专业心理教育工作者和学校有关部门人员组成。常见的如心理咨询中心、学生辅导中心等,它主要起一种总体的协调和指导作用。主要职责一是培训各级咨询员,二是对心理问题比较严重的人进行咨询和治疗,三是进行心理健康普查,建立学生心理档案,四是从事品德心理维护的教学和研究活动。由于学生中有较严重心理问题的人往往涉及一些个人隐私问题,学生可能不希望"官方"人士知道,所以,校级心理咨询中心最好由专业人员组成并且保持相对的独立性。

（四）优化校园文化环境

校园文化环境的优劣,直接影响着学生的心理状态和人格发展。这方面的工作可以从三方面入手。

1. 建设良好的校园文化环境

校园文化环境是校园环境的"软件",集中体现在校风、学风、班风的建设方面。良好的三风是一种无形的力量,它在潜移默化中对学生心理发挥着积极影响,为大学生的健康成长提供着重要的精神土壤和心理氛围。

2. 建设优美的校园自然环境

校园自然环境是校园环境的硬件,包括学生学习、生活、活动的场

---

[1] 李学容,李彬彬.大学生心理健康教育[M].北京：科学出版社,2020.

所。优美整洁的环境给人一种奋发向上、生机勃勃的感受，使人愉悦身心、消除疲劳、减轻焦虑。美好的校园环境具有精神抚慰剂的效应，有利于人们性情的陶冶。

3. 开展丰富多彩的校园文化活动

校园文化活动为大学生的成长发展提供了机遇和舞台。各种学术活动、文艺活动、体育活动、节日庆典、社团活动的开展，有利于丰富学生的精神生活，发挥个人才能，增加人际交往的机会，使生活变得富有情趣，心理压力得以缓解，获得更多的社会心理支持，使自己的心理更加健康。

三、矫正大学生品德不良的心理学依据

学生品德不良是在某些客观条件（家庭、学校、社会的不良因素）影响下，通过学生的一定心理活动而形成的。但在良好的条件下，采取符合其心理特点的教育措施，学生的品德不良又是可以得到纠正或改变的。教育者的任务，就在于创设各种优良条件，增强内外正确因素的影响力量，净化不正确因素对学生的影响，使学生自觉解决内心矛盾，向正确方面转化。

矫正学生品德不良的心理学依据如下。

（一）提高道德认识，增强辨别是非的能力

品德不良的学生一般都有一套错误认识，这套错误的认识，由于某些条件的强化，以致形成错误的意向，支配着他们不断地犯错误。因此，培养是非观念，增强辨别是非的能力，是矫正学生不良品德的重要一环。提高学生道德认识的主要方法有：提供范例，学有目标；坚持说理教育，组织正确舆论；提出明确要求，保证严格执行；生动有力地开展批评和自我批评，提高学生道德评价的能力；坚持正面教育，以奖励表扬为主，奖惩分明等。[①]

[①] 余瑞.高校大学生心理行为问题成因分析及对策探究[J].山西青年，2021（22）：166-167.

(二)保护自尊心,培养集体荣誉感

自尊心是一种个人要求受社会、集体尊重的情感,它是促使人们积极向上,努力克服缺点的内部动力之一。品德不良学生也有自尊心,甚至达到过敏的程度,有时无意中说的话,也会引起他们强烈的冲动。自尊的另一种表现形式是自卑感,这种自卑感恰恰是自尊心受到摧残后的心理状态。因此,我们在教育过程中,一定要尊重他们,并努力通过发掘他们身上存在的哪怕是极微小的积极因素,来培养激发他们的自尊心,鼓励他们发扬优点,克服缺点,增强前进的信心和勇气。

集体荣誉感是人们意识到作为集体成员的一种尊严的情感,同时也是人们克服个人缺点与错误的内部巨大动力。品德不良的大学生往往缺乏集体荣誉感,通过维护集体荣誉和与损害集体荣誉的现象作斗争,并力求用实际行动来挽回集体荣誉。

(三)抓住转变时机,促进品德转化

学生不良品德的转变,是旧质的不断更新,新质逐步积累的过程。这一转变过程一般是经历醒悟、转变、反复、稳定几个阶段。醒悟是指品德不良的学生在教育或环境的影响下,意识到继续坚持错误的危害性,开始产生改正错误的愿望或念头;转变是指品德不良的学生在醒悟的前提下,行动上开始有了改邪归正的表现;反复是指品德不良的学生有了转变以后,对不良行为的改正不稳固并又重犯道德错误的现象;稳定是指学生的行为不再出现反复的阶段。

教育者应该根据各个阶段的具体情况,抓住教育的最佳时机,及时采取恰当合理的决定,促进品德不良的学生向好的方面转化。

(四)通过实践,锻炼与诱因作斗争的意志力

当学生新的行为习惯还不够巩固,旧的不良行为习惯仍有潜在力量的情况下,让犯错误的学生更换环境、暂时避开某些诱因是有益处的。但回避诱因的办法是比较消极的。根本的办法是使他们增强在各种环境的诱因下都不受影响而坚持正确方向的意志力,巩固新的行为习惯。如让犯过纪律和有偷摸错误但有悔改之意的学生去担任纪律检查员或财物保管员等。值得注意的是,这种考验应在估计不会出问题的情况下进行,而且要适当地引导和监督,争取成功。

（五）考虑学生的个别差异，区别对待

学生的不良品德由于年龄、个性以及所犯错误的性质与严重程度不同，表现的方式不同，应该采取多样而灵活的教育措施，才能收到良好的效果。大学生已经具备一定的道德知识和道德评价能力，需要采取严格而又耐心的教育方式帮助他们改正错误，但也应分别不同情况，同时采取必要的组织措施。在多数情况下，要把个别教育与集体教育结合起来。

第九章 大学生就业心理维护研究

大学生的就业问题一直受到社会的广泛关注,随着大学生就业体制的逐步深入,高校连续多年扩招,大学生面临着越来越严峻的就业形势,毕业生急剧增多,而用人单位却没有明显增加,供需比例发生了严重的失调。许多大学生出现了焦虑不安等情绪状况,更有甚者出现了严重的心理问题。大学生只有做好了正确积极的心理准备才能在此严峻的就业形势下勇敢地迎接挑战。而在就业竞争中,用人单位除了对大学生的知识技能等方面有具体要求外,对心理素质的要求也愈加明确。大学生心理素质已经成为影响就业的决定性因素之一。

第一节 就业心理概述

一、大学生就业心理的内涵

大学生就业心理指的是大学生在获得职业或就业过程中所产生的各种心理现象。大学生就业心理是以就业为中心,贯穿于整个大学的学习和生活之中,并受其他心理共同作用而形成的,包括三个方面:就业心态、就业心理素质和就业心理倾向。[1]

（一）就业心态

就业心态是指大学生在面对就业相关问题时所形成的具体的心理状态,如失落、焦虑、犹豫不决等。就业心态受个性、个人能力、择业观等

---

[1] 张向东,李厚艳,林强.大学生就业与创业指导[M].西安:西安电子科技大学出版社,2019.

因素影响,同时,就业环境与情景也会对就业心态起到一定的作用。当前大学生就业心态多种多样,无论哪些心理类型,总是"人往高处走",只不过每个人心中"高"的标准不同,"走"的方式也不同。就业心态的各异,使得就业也变成一个心理充满矛盾的、复杂的过程。

(二)就业心理素质

就业心理素质是指大学生就业或就业准备中形成的具有一定稳定性的心理活动能力和水平,是大学生学习、社会实践、就业准备等活动的影响下形成的比较稳定的心理特点。就业心理素质是大学生应对就业挫折、顺利就业并实现职业适应的心理基础,是大学生就业能力的重要组成部分。

(三)就业心理倾向

就业心理倾向是指大学生就业中具有指向和推动作用的心理因素所表现出的心理动力性。就业心理倾向决定大学生对就业的认知、评价和心理态度,同时影响大学生的就业行为,主要包括就业动机、就业期望、就业兴趣和择业观等。

二、大学生就业心理的特点

(一)影响大学生就业心理的因素

1. 客观因素

首先,近些年来,社会竞争越来越激烈,毕业生就业形势也变得越来越严峻。很多大学生面对压力的时候总是表现出不堪重负的状态,也无法结合现实情况去正确地认识自我、评价自我。虽然国家这些年来一直在大力推进就业制度改革,且改革成果不俗,但这些措施并没有完全消除就业压力,毕竟招生规模和毕业人数逐年增加,每年毕业的学生都将面临新的压力和挑战,在这种重压下,如果大学生不能及时有效地调整心理状态,一定会影响后续的发展。

其次,很多大学生在进入社会之前忽视了对相关政策的研究,这与高校对毕业生政策的宣传不到位有关。其实,毕业生政策是有着高度的严肃性和权威性的,就业分配政策的执行也并不是儿戏,必须遵照其规

第九章 大学生就业心理维护研究

定的步骤和程序,按部就班地进行。高校就业指导部门如果忽视了对相关政策的宣传,就会使部分毕业生错过某些重要的信息,从而在就业过程中遇到一些困难和挫折。高校就业指导部门和毕业生自己都需要重视这个问题。

最后,在毕业生就业过程中,一些不良风气也会影响毕业生的心态,导致其自信心动摇,甚至价值观和择业观念都发生变化。正因如此,他们在面对挫折时,就无法以积极的心态去应对,反而滋生出很多悲观情绪,怨天尤人,乃至一蹶不振。

2. 主观因素

首先,当今的大学生要想在就业的大潮中立于不败之地,就必须拥有合理的知识结构,此外,拥有各种技能和各项素质也是很重要的。然而,就算一个人学富五车、能力超群,在就业过程中材料准备不充分、就业技能运用不得当也会遇到各种各样的状况。而如果一个人不学无术、能力一般、无法达到用人单位的招聘需求,就更容易在就业上出现这样那样的问题。

其次,很多大学生虽然求职意愿强烈,个人也很努力,但在就业问题上存在认识偏差,这也会阻碍他的求职之路。比如,有的大学生还秉持着老一辈的就业观念,或对自身期待值过高,遇到一点困难便自怨自艾,就很难实现就业理想。

最后,大学生一旦遭遇就业动机冲突,就业之路就很难平顺。比如,有的大学生在应聘的时候同时受到两家用人单位的青睐,在这两家单位之间出现了难以取舍的冲突,即双趋冲突。"鱼与熊掌不可兼得",两个都是自己向往的单位,一时之间不知如何选择,造成困扰。有的大学生在应聘的时候接连收到两家不太满意的单位发来的橄榄枝,但他性格柔弱又不知道怎么去抉择,这就出现了"二者必居其一"的冲突,即双避冲突。无论是双趋冲突还是双避冲突,都会影响大学生就业理想的实现,而大学生在就业中遇到的心理冲突不止如此,还有其他更复杂的心理冲突。

(二)当前大学生就业心理的特点

从中学升入大学是人生的一次重要转折,从大学到就业分配,走上社会亦是人生的又一转折。有的同学刚刚踏入大学校门,便考虑到了自己将来的分配去向,这是每位大学生面临的实际问题,就业心理准备如何,对毕业后的工作有直接影响。就业心理准备较好,才能摆正自己在社会中的位置,正确处理好各种关系;相反,缺少必要的心理准备,毕业后一旦遇到困难和挫折,不能自我调节,以至悲观失望,埋三怨四,势必影响自己的工作。那么,作为在校或将要步入社会的大学生们,他们的就业心理究竟有着怎样的特点呢?具体介绍如下。

1. 理性化

大部分大学毕业生以及正在学校学习的同学,面对严峻的就业前景,都能充分认识到知识结构在就业中的必要性和重要性。而拥有完整的知识结构、文化素养较高的学生一般逻辑思维能力较强,面对纷繁复杂的信息,他们能冷静地分析,并成功抓取其中最有利的信息。面对诱惑和机遇,他们相较其他求职者而言,也能更顺利地辨别。所以说,大学生在面对某些就业问题时,是具有一定的理性成分的,这是学校多年教育的成果。

2. 多样性

大学生这一群体相对而言有着较高的综合素质,他们在面对就业问题的时候,总呈现出多样化的心理特征,而不仅仅局限于某一种。具体的应对方法也有很多,比如自我控制、认知超脱、补偿,等等。

3. 封闭化

大学生是一群朝气蓬勃的年轻人,他们初出茅庐,有着中年人难以比拟的锐气和敢拼敢闯的心态,他们在没有遭遇挫折之前往往对自己很自信,而这种自信又造成了他们在应对就业问题时存在很明显的封闭性。比如,他们总是依赖于自身的能力,却忘了在必要的时候寻求外在力量的支持。殊不知,在必要的时候寻求社会支持,往往能够帮助他们及时扫除就业路上的障碍,从而顺利地实现就业理想。

三、大学生就业心态分析

大学生在高校要进行各方面的学习和提高,除了具备良好的专业素质、较强的工作能力、强健的体魄和优秀的道德品质外,还要逐渐培养

第九章　大学生就业心理维护研究

将来参加工作所应具有的多方面优良心理品质。比如根据现实情况选择恰当的就业目标，克服自卑或自大的心理，树立敢于竞争的勇气。良好的就业心态还包括每名就业生都要对自己有足够清晰的认识，不管是对自己的优势还是缺点都要如数家珍，并根据这些要素来规划自己的职业道路。只有这样，才能稳稳地抓住机遇，最大程度地避免弯路、减少失败。

大学生的求职就业心理千姿百态，有积极可取的，也有消极应予以摒弃的。概括而言，大学生就业心态主要有以下几种。

（一）求"利"

曾有研究者针对北京某所高校2000多名学生展开调查。研究者向这2000多名学生问出第一个问题："您怎么理解人生价值？"在一年级学生中，有70.1%选择了"人的价值既在于贡献，也在于取得功利"这一答案。二至四年级的学生选择这一答案的比例分别是：69.0%、72.3%、74.3%。

接着，研究者问出第二个问题："您追求怎样的人生？"在一年级学生中，有92.4%选择了"既追求为社会做贡献，也追求个人生活的幸福"这一答案。二至四年级的学生选择这一答案的比例分别是：92.9%、94.1%、90.3%。

研究者问出第三个问题："您的人生哲学是什么？"在一年级学生中，有80.3%选择了"多贡献，多得利"这一答案。二至四年级的学生选择这一答案的比例分别是：78.2%、80.6%、84.4%。

最后，研究者问道："您选择工作的标准怎么排序？"有相当多的大学生选择了"工作条件好，有利于发挥才能"这一答案。这份调研结果很清晰地显露出了大学生求职过程中的功利心理。

从一般意义上看，大学生在就业时询问用人单位的工资待遇，不是一件"羞于见人"的事情。

但是，如果过于看重利益得失，并将此作为选择单位的"唯一标准"，就难免会过于注重眼前利益，这会对未来发展带来不利影响。

（二）求"稳"

所谓求"稳"，意即安全和稳定，它是指有些人在选择职业时往往从职业的稳定性出发而选择那些较为稳当、风险较小的岗位，如学校、科研单位、行政机关。这些学生认为以上职业虽然收入不高,但是安全稳定。在怀着安全心理来求职就业的学生中,家长"越俎代庖"的居多。一位家长对我们说:"我不要求孩子去冒风险挣大钱,只想帮他找一个稳定的工作,了却当家长的心愿。"

（三）求"名"

很多大学生平日生活里对名牌、奢侈品很是着迷,他们宁愿省吃俭用也要攒钱买一个名牌包包、用一套名牌化妆品,有的大学生实在是没有这个消费能力,但他们宁愿购买假冒商品也要满足自己的虚荣心。而在求职过程中,大学生的这种求"名"心理也很普遍。有些大学生在投递简历的时候把目标瞄准了那些世界名企或知名的互联网企业,却不管自己的专业对不对口,是否能够胜任这份工作。他们求职,冲的就是用人单位的名气去的,在他们看来,在大企业的工作经历能够给自己的简历"镀金",也方便自己日后跳槽到更有名望、社会声誉更好的企业。

（四）求"闲"

求"闲"心理是指在求职就业中追求舒适、清闲的心态。在一些大城市中常有一种怪现象,即有些工作无人愿意干,而有些人无工作可干,这就给大批民工提供了填补空白的机会。在北京市的一次招聘会现场,许多手持求职表及职业资格证书的人在"挑肥拣瘦"地寻求职业。他们宁可待业,也不愿意去从事那些有大量需求和发展前景的工作,如销售工作。

（五）追求奉献

这种心理常见于那些树立了正确的人生观、择业观的求职者。例如,放弃众多选择而立志保家卫国的解放军战士,为了国家需要自愿到农村或边疆工作的志愿者等,他们都以过硬的思想素质和对人民、祖国、事业的强烈献身精神,义无反顾地选择国家急需的工作。这些人是中国的脊梁,往往能做出较大的成绩。奉献心理是我们在就业指导中大力提倡的一种职业品德。[①]

---

① 肖少北.大学生心理健康教育（第2版）[M].广州:暨南大学出版社,2018.

第九章　大学生就业心理维护研究

（六）从众心理

从众心理在求职就业时也会常常遇到，一些大学生在求职现场寻找热门职业，越是报考人数多的职业，他们越渴求。于是人们在求职时纷纷拥挤在政府部门、大型国有企业、事业单位等狭小的就业渠道上，甚至有人因此受骗。因此，我们在就业指导中再三告诫学生，求职就业是一项严肃认真的大事，一定要认真考虑、谨慎从事，绝不能跟着感觉走、盲目从众。[1] 同时，身处在就业洪流中的大学生对就业的期望水平会受到其他就业者的影响，虚荣心理、侥幸心理会使他们改变原有的自我期望而采取不切合实际的从众行为。学成就业、服务社会、实现自身价值是每一位大学生的美好愿望，但是有些毕业生在就业过程中不是从自身的特点、能力和社会需要出发，而是盲目从众，从事他人看好却不一定合乎自身兴趣爱好特点和性格特长的职业，给自己未来职业生涯的发展带来困扰。

（七）依赖心理

"在家靠父母，在外靠朋友"，这句流传很广的社会俚语也在左右着当代大学生的就业心理，很多大学生在高考填报志愿时就是由家长或老师做主，临近毕业时，又难免把毕业后就业的希望寄托在家长和老师的身上，这是一种典型的依赖心理。他们一方面希望找到称心的工作，另一方面又不愿意自己到处奔波。于是有的向千里之外的家长寻求帮助，有的对职业左顾右盼，拿不定主意。此外，有些毕业生在就业过程中缺乏自信，把希望寄托在拉关系、走后门上，殊不知这样做的结果恰恰给用人单位留下毕业生缺乏开拓能力、独立生活和工作能力差的印象。当今社会，挑战与机遇并存，只有在就业之初就树立自信心、敢于竞争，才能在众多的求职者中脱颖而出。

---

[1] 肖少北. 大学生心理健康教育（第2版）[M]. 广州：暨南大学出版社，2018.

第二节 大学生常见的就业心理问题

心理障碍是指一切心理不健康的现象或倾向,它是由心理压力和心理承受力相互作用,使人失去了应有的心理平衡的结果。大学生就业过程中的心理障碍主要表现在以下几方面。

一、过于急躁

很多大学生在择业过程中都有着急功近利的心理,做任何事情都过于急躁,这也为后面的就业埋下了很多隐患。比如,有的大学生刚刚和一家企业接触,他明明对这家企业的了解不够多,对这家企业所提供的岗位职责和技能要求都不太清楚,可一旦对方抛来橄榄枝就急切地和对方签约,等到发现自己的判断有误时,虽然后悔莫及却也无济于事。在进行职业选择时,最忌讳的就是急躁心理,这是一种不良心境,只会干扰我们的判断。而性格过于急躁的大学生一般自控力较差,很难抵抗住来自方方面面的诱惑。记住,过于急躁只会导致事倍功半,甚至事与愿违,唯有沉着应对,才能立于不败之地。

二、过度孤傲

孤傲心理是缺乏客观自我分析与自我评价的表现。孤傲与自信是截然不同的两个概念。自信的人对自己的能力评价客观公正,与别人的交流是平等的,在择业求职中他们哪怕遇到了困难,也能冷静地分析形势,然后做出对自己最有利的选择。而性格孤傲的人对于自己的评价往往过高,总是与现实有着不小的差距。在就业中他们总是眼高手低,不愿意做基础的工作,一旦受挫就沉浸在幻想中,以此逃避现实生活。

有的大学生之所以产生孤傲的心理,是因为他们确实在很多方面都有着过人的优势。比如毕业于名牌大学,平时学习成绩很不错,在一些比赛中获得过傲人的名次,等等。可是,一旦我们离开大学,进入社会后,一切都将重新洗牌、重新开始。过往那些优势固然能成为你的敲门砖,但一味固守以往的荣誉,不愿意脚踏实地地面对现实生活,就会一而再、再而三地受挫。有句老话说得好,人必须有傲骨,但不可有傲气,人必须有自信,但不可盲目自信。大学生不应把自己的胃口吊得过高,瞧不上这家公司,瞧不上那个职位,东挑西拣,最后只会白白延误就业的好时机。唯有一步一个脚印,才能走向美好的未来。

三、盲从攀比

不少毕业生在求职时,没有独立的见解。不是从自己的实际情况做出切合实际的选择,而是人云亦云,看见别人都往大城市、大单位挤,自己也跟着凑热闹。还有的毕业生为了高待遇,纷纷挤向社会评价高的职业,而没有仔细分析工作城市、行业、单位等的具体情况以及自身的条件。其实,大学毕业生求职时应该多一点"大丈夫能屈能伸"的豁达,不要过分计较一时的顺逆,应该树立自信心从"零"做起、从小事做起、从基层做起的信念,坚信最终能在社会上找到自己的位置。在当前高等教育与社会需求尚未完全接轨的背景下,人云亦云,跟风从众的心理应该引起毕业生自身的反思。

四、怯懦、胆小

怯懦是一种胆小、脆弱的性格特征,怯懦者害怕冲突、害怕别人不高兴、害怕害别人、害怕丢面子。有些大学生在择业求职过程中过于怯懦,他们害怕稍微正式的场合,害怕与人交流、接触,甚至是正常的面试都不敢去应对。比如,曾有一位大学毕业生在一走进就业市场就心里发怵,参加面试前她会无数次地在心里给自己打气,而真正面对面试官的时候,她紧张得双腿发抖、嘴唇苍白,连一句最简单的自我介绍也说不出口。面对面试官的提问,她磕磕巴巴地回答着,生怕自己误解了对方的意思,或者说出了错误的答案。这样的人心理承受能力很差,性格脆弱、敏感,过于在意自己在他人眼中的看法。具有怯懦心理的大学生在能力上未必比别人差,他们发自身心地渴望公平、盼望竞争,但这种不良心理却限制住了他们的发挥,也阻碍了他们的发展。他们往往败于求职的第一个环节——即"自我推销"环节,面对他人的提问,他们急得面红耳赤,却回答不出对方满意的答案,反而给对方留下不佳印象。这种怯懦心理多见于一些女大学生和性格内向或抑郁气质类型的大学生。

五、追求享受

许多大学生涌向三资企业,或者是开创民办科、工、贸一体的公司,以满足自己获取高收入、高地位的愿望。不少大学生求职时过多地考虑物质条件,不但要求月薪高、生活条件好,还讲究住房、奖金、休闲活动等各种物质享受,如果用人单位稍不满足他们的要求,他们便潇洒地跳槽。一位企业老总说:"企业竞争也是人才竞争,我们公司急需几个具有经济管理人才的大学生,可是他们太骄傲,动辄讲待遇,眼光这么高,我还敢用他们吗?"

六、趋"热"、求"大"

很多大学生在求职择业的过程中,不仅有着求"名"心理,还有趋"热"、求"大"的心理。比如,如今考公务员和事业单位是很多大学生毕业后的首要选择,因为公务员和事业单位的职工是大家眼里公认的"铁饭碗",稳定、清闲、福利高,在家人的鼓励下,大学生们争相报考公务员。而公务员和事业单位的录取名额有限,又有很多大学生退而求其次,选择竞聘大企业的热门职位或进入当下最流行的行业,比如,有的大学生羡慕网络主播们的高薪工作,毕业后选择进入直播行业。有的大学生毕业后又重新学起了编程,就是为之后应聘"大厂"程序员做准备。这种情况下,一些冷门职业尽管急需大批人才,却无人问津。实际上,大学生在求职择业时,一定要根据自己的现实情况去做选择,只有这样,才能避免很多弯路。

七、优柔寡断

职业的选择往往也是对机遇的一种把握,错过机遇,你将会与成功失之交臂。当断不断、患得患失,这山望着那山高,这也是导致许多毕业生陷入择业误区的心理障碍。

八、过于求稳求全

很多大学生害怕颠簸动荡的就业生涯,于是,他们在择业的时候希望能够一步到位。其实,生活中很多事情都是"摸着石头过河",求职择业也是如此。有些大学生在毕业时是迷茫的,为了找到自己的方向,他们选择先"先就业,后择业",先稳定下来,满足自己基本的生活需求,等累积了一定的生存资本和经验后,再去选择适合自己的职业。对于大学生而言,我们不必计较跨出校门的第一个台阶有多高,毕竟对于大部分人而言在刚刚进入社会的那一阶段就找到一份满意的工作是一件很难的事情,千万不要让"铁饭碗"的思想束缚了你的择业范围,不妨"先就业,后择业",先稳定下来后,再一步步去闯荡,并不时根据现实情况改变策略。

九、法律意识淡薄

有位大学毕业生在知名网站上发帖称,自己已经与一家企业签订了就业协议,协议中规定,他一旦毁约就要支付用人单位不菲的赔偿金。然而,在他向用人单位报道之前,另一家企业向他抛来了橄榄枝。后者是当地的知名企业,对于他而言,这家企业能给他带来不错的薪资待遇和更好的发展潜力,他很难抵抗住这份诱惑,于是想要毁约。然而,在这份帖子底下,很多网友劝他不要轻易毁约,这样做只会影响自己和学校的声誉,甚至影响他以后的就业。

这位发帖人的经历反映了一些大学生的心理状态,他们在找工作的时候抱着"骑驴找马"的心理,只要有用人单位向他抛来橄榄枝,他便与其签订就业协议,然后再继续接受其他单位的挑选,只要遇到更好的企业发出邀请,就想要单方面撕毁协议。实际上,就业协议书是具有法律效力的,随意单方私自解除协议而更换单位都是大学生法律意识淡薄的心理表现。

第三节 大学生就业心理问题的原因分析

大学生就业心理问题的原因主要应该从两大方面来进行分析,即包括社会、学校、家庭的客观因素和包括大学生个人的思维特征、与就业有关的能力和兴趣、需要结构、性格特征、自我意识、价值观念、理想、个性专业倾向类型等在内的主观因素。

一、客观因素

大学生正处于世界观、人生观、价值观定型的时期,由于社会经验不足,大学生很容易受到外来客观因素的影响,有的时候,这些外来客观因素甚至完全左右着大学生的心智发展,因此,这些外来客观因素可以说是大学生心理问题的主要原因。

(一) 社会因素

来自社会各方面的期望和要求对大学生构成无形的心理压力。社会对大学生的要求越来越高,要求其既要有一定的理论基础知识,又要具备较强的实际操作能力,还要有团结协作、吃苦耐劳精神等;家长望子成龙、望女成凤,对子女寄予厚望;学校对毕业生就业的期望也较高。还有,很多大学生为了档案户口等问题,不得不提前找工作,处于临近毕业的大学生,最后一年的主要精力往往不是学业而是考虑就业,根本顾不上学习,大家都忙着到处找工作,为今后的饭碗奔波,以致专业知识并不扎实。所有这一切,无形中都给大学生造成了极大的心理压力。

再有,目前的就业市场尚未规范,社会上涌现出一些不正之风。由于机制不健全、信息不灵、供需渠道不畅等缺陷,公平、公正、公开、择优录用的就业新机制尚未完全形成,也严重干扰了就业工作的顺利进行,使得一些大学生就业受挫后的心态产生失衡。

（二）学校因素

从1999年高校开始扩招以来，高校连续几年的扩招，使得大学生总量增幅较大，造成高校毕业生高存量、高膨胀，给高校毕业生就业带来新的压力和难度。一些高校"重理论轻实践"，大学学习与就业之间缺乏有效过渡，造成相互的链接断层。许多大学生在校期间一直没有受到系统且必要的心理辅导教育，仅仅到了大学三年级才对有关就业政策、方针、就业技能和心理准备等问题有所了解，这必然导致许多大学生在临近毕业时还对就业、职业等问题认识不清，产生迷茫、困惑、烦恼、焦虑、急躁等情绪。

（三）家庭因素

家庭是个体社会化的主要场所，家庭对个人各方面的影响都颇为深刻。家庭中父母的社会地位、社交能力、所持的价值观、对社会各种职业的评价认定以及他们的期望、父母与子女的关系、家庭环境和氛围、家庭教育等都影响着大学生的人生观、价值观、世界观，左右着他们的就业心理。比如，家长中的"拜金主义、享乐主义、实惠主义"意识，容易使大学生产生"工作轻松、工资收入较高、福利待遇好、不费多大力气就可以干一番大事业"的就业误区；许多家长对子女过分的溺爱和娇宠，往往会造成子女在就业过程中"高成绩，低能力"现象的出现；一些家长在子女就业过程中全程"作陪"，甚至为其"全权安排"，使得大学生在就业过程中形成较强的依赖性，对困难和挫折的耐受力降低，不能实现真正意义上的"自主就业"，在走上工作岗位后也会出现不能适应工作岗位的情况。

此外，家庭的经济状况、社会关系和住所的地理位置，也会对大学生的择业和就业后的流动产生巨大影响。

二、主观因素

主观因素又称内部因素，是大学生自身内部的特质构成的。虽然外部客观因素对大学生的择业心理有着很大的影响，但归根结底还是由大学生自我认定。因此，大学生的主观因素是影响其就业心理问题的根本因素。

（一）自我认识不足

大学毕业生正值青年中期，自我意识和独立思维能力进一步增强，个体心理逐渐走向成熟。但是相当多的大学生缺乏必要的自我认知能力。而大学生对就业和职位的态度、对自我的评估认识、对社会实践的适应能力等，是影响就业心理问题和心理压力的主要原因。不少大学生在就业问题上存在认识上的偏差，当理想与现实发生矛盾时，不能正确总结分析失败的原因。而且，他们不能正确认识自我，了解社会，所以在就业时往往陷入理想脱离实际的误区，容易产生心理困惑，并引发消极情绪。当代大学生的"自我"意识十分强烈，有强烈的充实自我、发展自我和强化自我的追求。但是，他们在追求发展自我的过程中，一旦遭到挫折或没有达到自己的预期目标，往往不能正确地评价自己，产生不健康的心理，严重影响高校大学生的心理状态。

（二）求职动机有偏差

面对纷繁复杂的社会、严峻的就业形势和激烈的就业竞争，如何做出正确的抉择，往往使自我认知不准确、缺乏社会经验的大学生们深感困惑，出现焦虑不安的情绪，求职中跟风从众，盲目攀比，遇到一两次失败就怨天尤人、灰心丧气，甚至产生极端情绪，这和求职动机有很大的关系。大学生在由学生向求职者的角色转换过程中，往往不能及时调整，求职动机便偏离企业实际需求，如偏重经济待遇、看重工作的稳定性、一定要选择与自己专业对口的职业、寻求"完美"的职业等，这些动机常常不能得到满足，使得部分高校毕业生产生郁闷、怨天尤人的心理问题。

（三）无法尽快转换角色

大学生往往把学校、家庭、亲友及同学所给予的关心、呵护、尊重当成是社会的最终认可，当面临由一个"天之骄子"的大学生向一个现实的社会求职者转变时，不能摆正自己的位置客观冷静地进入求职状态，就给自己带来了较大的心理影响。其实，从大学生走出校门那天起，其角色就发生了变化，即由学生角色转为职业角色。由于大学生属初次就业，缺乏足够的思想准备和心理准备，不能在就业压力面前及时调整自己的心态，不能正确对待就业过程中出现的问题，一旦遇到困难和挫折,就容易产生各种不健康的心理状态。

(四)不清楚就业的相关常识

很多大学生能够对就业做出相应的准备,但是却缺乏相应的就业常识准备,比如缺乏对就业程序的了解。对就业政策的理解模糊,对具体办理就业手续的程序不清楚,对信息渠道来源不清楚等,是大学生求职初期的较大障碍。有的大学生初次就业表现为手足无措,缺乏自信心,更有甚者,对工作失去了应有的热情与上进心,都是对具体的就业程序不了解的体现。目前,大多数学校都开设了"就业指导课",并成立了院系两级的就业指导机构,对有关毕业生就业工作的政策进行全面、广泛的宣传。然而有相当一部分学生不重视就业指导课,以为那些都是"纸上谈兵",因此对就业政策一知半解。而在就业过程中,因为缺乏就业程序的相关知识,有的同学感到迷茫和彷徨,不知所措,如果导致就业受挫,容易产生抑郁或自卑等心理问题。所以,详细了解就业的程序既利于保持健康的心理状态,也能提高应聘的成功率。

(五)综合素质较低

在当代社会,很多用人单位都比较看重综合能力较强的大学生人才,然而很多大学生在入学之初没有对自己的职业进行很好的规划,以致在整个大学阶段没有明确的学习目标。而大学阶段学习目标不明确,会使得大学生的学习态度不认真,对于自己的学习完全处在应付的状态,最终导致专业基础差,职业技能低,出去找工作自然没有底气。这是多数大学生共同面临的问题。

除此之外,很多大学生也不注重自身的人文素养的塑造。而用人单位往往把大学生人文素质的优劣,看作是最重要的一项用人标准。比如,要求员工有吃苦耐劳的精神、团队合作的能力、较强的沟通能力等。这些素质能力的高低会影响到大学毕业生的职业发展前景。因此,大学生人文素质的不完善,也严重影响了大学生的就业,应该引起重视。

(六)不能准确认知现实环境

现实环境对于大学生就业有着很大的影响,因此对现实环境的认知准确与否,是大学生就业成功的关键之一。有些专业的学生思想不切实际,讲究金钱第一、环境条件第一,不愿到待遇差、条件差的地方,结果出现了"高不成,低不就"的状况,从而错过许多良好的就业机会;有些学生不了解自己将从事的职业前景如何或者当代职业热点是什么,对于到底是适合管理岗位还是技术岗位没有准确的定位,等等。这些因素会影响到学生在选择职业时变得踟蹰不前,举棋不定,从而产生焦虑、急躁等就业心理。

大学生中普遍存在着对自我与现实认识的偏差,表现出没有明确的求职方向、基本功差、眼高手低、好高骛远、盲目攀比、不肯吃苦、害怕受挫等心理现象。从近几年招聘单位反馈的信息来看,那些没有扎实的专业知识和较强的学习能力、缺乏奉献精神和吃苦耐劳的品德、个人利益至上、只想管人不想被人管的大学毕业生,最终是会被淘汰的。

因此,大学毕业生不但要学好专业技能知识,还要提升自身综合素质,深入了解自身优劣势,明确自己的就业需要和兴趣点,有针对性地进行准备才能找到满意的工作。

第四节 大学生就业心理问题的调适

一、大学生就业应有的心理准备

(一)积极转换角色,树立正确的职业价值观

对于绝大多数学生来说,大学生活的结束意味着自己要从无忧无虑的学生转变为一个现实的社会求职者。毕业生面对社会角色的客观要求,面对复杂的社会关系,常常会产生逃避心理和抵触情绪。这就需要他们有充分的心理准备去应对这一角色转变,要意识到自己将不再依靠父母而要靠个人劳动来保障自己的生活,要有独立生活的意识,能够接受求职择业这样一个现实。同时,在求职择业过程中,要克服依赖心理,不要因为缺乏自信或者遇到挫折,就把找工作的希望完全寄托在父母身上,寄托在"托人情、找关系"上。一定要充分做好不依赖任何人、自主择业的心理准备,实现真正意义上的独立。

另外,大学生还要积极树立正确的职业价值观。所谓正确的职业价值观就是以实现自我为目标的价值取向,即以实现自我目标作为选择的主要考虑因素。确立稳定、合理的价值取向,就是正确调整自我与社会

的关系,将社会的需要与个人的理想目标结合起来。大学生要注重能发挥自己能力的空间和机会,不要计较现状的困难,条件的艰苦,这不但不会妨碍自己才能的发挥,反而为发展才能提供了机遇与挑战。当然,在走向社会确定自己的位置时,也要特别注意自己的天赋、素质和兴趣。若出现学非所用,学用脱节,容易窒息人的创造性,伤害人的积极性。在这种情况下,要有主见,要果断选择。

总而言之,大学生在择业时不能只考虑社会需求,也不能只考虑个人意愿,而要将两者完美结合起来,只有这样,才能用更平稳的心态去处理就业选择中的各种矛盾和冲突。

(二)分析就业形势,培养竞争意识

目前,我国高等教育正从"精英教育"转变为"大众教育",大学生毕业后从事基层工作、服务性工作甚至体力劳动的现象越来越普遍。部分学生在择业时由于缺乏社会磨炼,思想理想化,观念传统化,就业期望值过高,在就业时一旦理想落空,心理上便不能承受。因此,作为即将毕业走向社会的大学生,对目前严峻的就业形势一定要有清醒的认识。要转变一次择业定终身、职业有高低贵贱之分等传统就业观念,做好到边远地区或基层单位服务的心理准备。

另外,大学生还要培养自己的竞争意识。随着改革开放的进一步深化和社会主义市场经济体制的逐步确立,竞争机制已广泛地运用到许多领域,竞争意识也就成为衡量现代人能否适应这一变化的一种标志。处于这种形势下的大学生,要适应社会并对社会做出较大贡献,就必须树立强烈的竞争意识,要有将来投入社会主义市场经济主战场而参与竞争的心理准备。那么,新的形势下,大学生的竞争意识应该包括哪些方面呢?社会主义市场经济条件下人才的交流、竞争要求大学生具备强烈的时间观念、效益观念,富于挑战精神,不怕艰苦和挫折,积累知识,增长才干,主动地适应人才的选拔和竞争,在强手如云的人才大军中正确地"推销"自己,"兜售"自己的知识,施展自己的才华,让自己的青春放出灿烂的光辉。

竞争意识的培养是大学生择业指导的重要组成部分,并关系着社会主义市场经济条件下人才素质的高低。大学生只有具有较强的竞争意识,才能更好地把握住大学的学习机会,努力锻炼自己,以便以后顺利通过选择,找到理想工作。

（三）对自我有更深刻的认识，更清晰的定位

面对择业，毕业生除了要客观地分析就业环境外，还要对自己的气质性格、兴趣爱好、知识能力、身体素质、家庭环境等各方面进行客观、正确、全面的认知。要根据特定的自身素质寻找适合自己的职业和职业发展方向，合理定位个人求职目标。有的毕业生在就业过程中，不顾自身条件的限制，一味追求热门职业，追求大城市工作，结果求职应聘屡屡失败。即使有的侥幸被录用，也会由于自身能力不及，无法胜任工作而处于被动地位。或者工作后发现自己不适合该工作而要重新进行选择，延误个人发展。

（四）勇敢面对挫折，积极解决困难

大学生在走向工作岗位之前要具备承受挫折心理品质，有承受各种困难、迎接挫折的心理承受能力，如果求职受挫，一定要积极调整自己，在较短的时间内汲取经验教训，寻找解决对策，继续进行求职。这是因为在未来的工作中会遇到各种各样困难和挫折，尤其是刚刚进入社会、阅历浅、涉世不深的大学生，他们往往在工作之初，血气方刚，充满着多彩的理想，认为没有什么困难而言，大有初生牛犊不怕虎的气势。然而在现实中往往可能遇到一些意想不到的问题，对这些挫折和困难还会产生巨大的失落感等心理反差，在心理上受到伤害，产生情绪低落、忧郁等心理障碍，这使大学生的身心健康受到损害。为避免出现这种现象，在工作之前就应具备较强的承受挫折的心理品质，做好各方面失败的最坏的打算，才能有勇气面对现实，克服出现的暂时挫折。

二、大学生就业心理问题调适的原则和方法

大学生的就业心理问题是在特定环境中产生的，要解决就业心理问题，就必须要通过多种途径改变大学生这些问题产生的环境，消除其产生的种种主客观因素，引导大学生以积极的心态、科学的方法和乐观的态度面对就业形势，最大限度地发挥自己的优势，并最终实现成功就业。

第九章　大学生就业心理维护研究

（一）大学生就业心理问题调适的原则

双向选择就业是指毕业生与用人单位直接见面相互选择的就业方式，也是以毕业生和用人单位为主体的市场就业方式。这是顺应国家教育体制改革的要求所进行的毕业生就业制度改革的方向，也是人事制度改革的主要组成部分。在双向选择中，就业心理问题调适可采用的原则主要有以下几种。

1. 差异性原则

差异性原则是指在就业心理问题调适中充分认识到大学生个体的差异性，采用不同的方法进行调适。其目的既是为了彰显个性，突出核心竞争力，又是为了增强就业指导的针对性。个体差异的存在是心理调适难以回避的问题，关键在于如何看待。就业指导教育坚持以学生为本，实现学生全面自由的发展，努力提升就业效果。因此，必须重视学生的个体差异，尊重个性多样性，鼓励个人能力倾向的多样化，并通过分层指导、多样化的社会实践活动来实现这一目标。人性的多样性也决定了学生个人的能力和潜力存在差异。对多样性的承认，意味着对差异的尊重。学生的就业能力差异是一种自然现象，正因为存在能力差异，学生在就业过程中往往容易从个体角度出发考虑自身对就业的种种要求，而忽视或者轻视社会现实的要求，以致自我评价呈现出个体性特点。当个体进入社会后，不可避免地会发生矛盾甚至冲突，从而对大学生就业造成严重影响。因此，就业心理的调适应坚持差异性原则，正视现实、接受现实，在正确认识社会需求和自身优势的基础上，调整就业期望值，树立"先就业、后择业、再创业"的良好心态。

2. 主体性原则

主体性原则是指大学生在就业心理调适中必须确立"主体观"，培养自主调节的能力，成长为能进行自我教育和独立进行就业活动的主体。在当前择业过程中，毕业生与用人单位始终是双选的主体。各级教育行政主管部门、教师只是在国家政策范围内行使指导、服务、检查、监督职能，必须充分尊重两个主体的意愿。学校要加强对毕业生的主体性教育。大学生既是就业指导的客体，也是就业实践活动的主体，其主体性表现在主体教育的过程中。从教育过程来看，就业、择业教育活动的组织实施,不仅能够提高学生参与活动的趣味性与实践性,有助于把就业指导的相关理论内化成学生的自身要求,而且能发挥学生的主观能动性,实现从"教师主体"到"学生主体"的转变。要引导学生用理论指导就业实践,开展丰富多彩的就业实践活动,通过到用人单位参观学习、实习,到人才市场亲身体验和在校内举行人才洽谈会等活动,在实践中培养学生的职业素质和择业能力,增强学生的抗挫能力;通过深入人才服务中心、劳务市场等就业一线课堂,向学生提供咨询服务,从而培养学生的就业主体意识,调节学生的心理。

3. 自信性原则

自信性原则是指大学生在择业过程中对自身力量的一种确信,哪怕自己遭遇到就业挫折,也能进行自我心理调适,深信自己一定能够成功就业。自信是成功就业的关键,大学生需要合理定位个人的择业目标,积极奋进,逆势飞扬,内外兼修,提升个人的求职竞争力。首先要相信自己的力量,善于发现自己的优势。每个人都有优势和弱点,关键是要善于发现自己的优势,并利用优势,把它发挥到最佳状态。只有认识到了自己的优势,才能做到敢于竞争,才会有较好的竞技状态。从而获得自信。其次,要善于抓住机遇。机遇是可遇不可求的,自信可以帮助你抓住生活中转瞬即逝的机遇。当前,求职者可以不局限于去一个单位应试,还可主动寻找其他单位,主动寻找机会推荐自己。大学生要用自信成功敲开就业的大门。在择业遇到挫折和心理困惑时,学会客观地分析自我与现实,有效地排除心理困扰,保持积极而又稳定的心态,维护自己的身心健康,寻找最佳途径实现自己择业的理想和目标。

4. 竞争性原则

竞争性原则是指大学生在就业心理调适中,必须明确"双向选择,自主择业",为每一个大学生都提供了展示自我、公平竞争的大舞台,只有敢于竞争,才能抓住就业机遇。当前,大学生选择单位时要公开、平等地竞争,用人单位在选择毕业生时要择优录用。就业竞争机制的引入为大学生提供了一个自由而广阔的择业环境。这就对大学生提出了敢于竞争、善于竞争,主动适应这种社会现实的要求。

第一,敢于竞争。强化竞争意识是大学生在择业前最基本的心理准备。一是要在正确自我评价的基础上,充分相信自己的实力,敢于通过

第九章 大学生就业心理维护研究

竞争去达到理想的目标。二是必须在心理上准备同"铁饭碗""大锅饭"的传统告别。必须从社会进步和深化改革的角度来加深对竞争机制的认识,强化自身的竞争意识,自觉地正视社会现实,转变观念,做好参加竞争的心理准备。[1]

第二,善于竞争。要想在求职与择业中取得成功,仅仅做到敢于竞争还不够,还必须善于竞争。善于竞争需要具备良好的心理素质、实力和良好的竞技状态。这就要求既要注意保持适当的就业期望值,又要有效调节自己的情绪,增强就业竞争意识,告别依赖和从众心理,勇敢地面对社会竞争的挑战和压力,勇于承受在人才市场中遇到的困难和阻力。

5. 心理援助原则

心理援助原则是指在大学生就业心理调适中需要社会、学校的支持,对学生开展职业生涯教育、就业心理辅导等心理援助,让大学生迅速走出逆境,恢复积极健康的就业心态。首先,开展职业生涯教育。专业化、全程化、系统化的职业生涯辅导能够唤起学生职业生涯的意识,帮助学生进行理性的自我认知与定位,发展职业素质,对解决学生在就业过程中的心理障碍有很大的作用。其次,加强就业心理辅导。这不仅可以解决学生就业过程中的心理问题,还能提高学生的心理适应能力。良好的心理素质和心理适应能力是学生未来职业发展所必需的重要素质。最后,发展社会支持系统。良好的社会支持系统能够有效缓解学生就业过程中的心理压力和情绪困扰。建立心理援助机制,学校要建立健全心理中心、职业发展中心等专门机构,通过咨询方式,为学生提供专业的辅导和帮助,缓解学生就业过程中的心理压力,解决心理困扰和问题。此外,还可以开展多种形式的学生自主活动,激发学生的主动性,促进学生之间的交流。[2]

(二)大学生就业心理问题调适的方法

由于单一的国家分配模式早已被打破,由国家一次分配而"终身定

---

[1] 龚平,黄平.新编大学生职业发展与就业指导[M].成都:西南交通大学出版社,2011.
[2] 龚平,黄平.新编大学生职业发展与就业指导[M].成都:西南交通大学出版社,2011.

位"也已成为不可能。因此,以普通劳动者的身份先选择一个可以生存的职业,然后,再凭借自己的努力,通过合理的职业流动,"逐步到位"地实现自己的自我价值,应该成为当代大学生一种现实的择业取向。大学生应从以下几个方面调适自己的就业心态。

1. 观念上的调整

(1)相信政府为大学生就业所做的积极努力。大学生就业是我国政府和全社会最为关心的问题之一,而中国高等教育在近年发展迅速,是非常重要的历史进步,对中国民族振兴和实现现代化都发挥重要作用。人才资源是国际竞争的最终竞争,人才质量最终决定现代化建设和国家的发展,正因如此,大学生就业问题才引起了国家的高度重视。[①]大学生要保持冷静的头脑,平稳的心态,积极分析就业形势,要相信国家和政府是大学生就业的坚强后盾,而我们要在国家和政府的帮助下走出一条属于自己的精彩道路。

(2)塑造符合实际情况的理想自我。一个人的自我概念可以分为现实自我和理想自我。现实自我是个体从自己的立场出发对现实中自我的认识,也就是对实在的自我的认识。理想自我是个体从自己的立场出发对将来的我的认识,也就是对想象中的我的认识。"我是怎样一个人"涉及的是现实自我。"我想成为怎样一个人"涉及的是理想自我。现实自我是发展的起点,理想自我是发展的目标。

理想自我的合理确立对大学生的成长极为重要,确立合理的理想自我既要目标高远又要切合实际。如果不顾自身情况将理想自我设计过高,现实自我与理想自我差距过大,经过努力仍无法达到,大学生便会产生自我否定。如果理想自我设计过低,大学生则很容易满足、沾沾自喜,或妄自尊大、不思进取。大学生应该确立一个合理的理想自我,既不要满足于现有的状况,又不能对自己要求过高、过于苛刻。只有这样,才能促使大学生不断进取,并在不断地体验成功与进步中永远对自己充满信心。

(3)强化自信心理。大学生应该对自己有充分的认识,把主客观条件结合起来,强化自己的自信心理。一些大学生在就业过程中,总给人唯唯诺诺、缺乏自信的印象。培养自信心应该从平时做起,注意培养自

---

① 桂世权. 大学生人际交往指导[M]. 成都:西南交通大学出版社,2007.

己良好的人格品质,改变那些不适应发展的不良人格品质。培养自信乐观、自强不息、宽容豁达、开拓创新的品质。遇到挫折一定要相信自己的能力,不要被暂时的困难所吓倒。相信自己,正视现实,放眼未来,对自己、对前途绝不放弃,绝不心灰意冷。只有这样,自信心才会逐渐建立起来。有了自信心,通过坚韧不拔的努力,就能把理想逐步实现。

(4)塑造朴素心理。朴素的心理品质,是指即将走向工作岗位的大学生要具有虚心诚恳地向别人请教学习。对于刚刚毕业的大学生来说,由于在大学期间学习的专业知识是不够全面的,也没有亲自经过实践的检验,理论与实践会有较大距离,在工作中会遇到各种各样的问题,会有意想不到的麻烦,因此,要充分做好向别人请教学习的心理准备,不要以为自己是一名大学生,向别人请教是一种耻辱。

为培养这种心理品质,在大学生在校期间要认真听取师长的教诲,多参加一些社会团体活动;要经常走出校门,积极参加社会活动,与群众多接触;要充分利用专业实习的机会,深入基层工作岗位,向基层的同志学习请教,尽快完成自己从一个学生向一个职员的心理转换,同时,还要保持着学生时代虚心好学的态度。只有具备了这种心理品质,才有可能在工作中博采众长,虚心听取别人的意见,减少工作中的失误,同时,也有利于建立良好的人际关系

2. 心理调适的具体方法

第一,转移情绪法。在不良情绪出现的时候,我们可以运用各种方法去转移情绪,化不良情绪为积极情绪。比如,大学生心情低落时,可以邀请好友共同去打一场篮球,或者酣畅淋漓地快跑几圈,适当发泄后,就会感觉心情舒服很多。大学生为就业问题焦躁苦恼时,可以去公园里逛一逛,徜徉在大自然的环抱中,或者去看一场喜剧电影,在笑声中放松压力。

其实,这种方法说简单一点就是转移注意力,为自己的大脑寻找一个新的刺激,激活新的兴奋中心,以驱散不良情绪。

第二,自我安慰法。大学生在择业过程中肯定会遇到各种不顺心的事情,挫折和烦恼如影随形,有些困难是可以克服的,而有些困难哪怕经过人为的努力仍旧无法克服,这时候,我们可以适当地进行自我安慰。而在自己的劝慰下,大多数人都会慢慢平静下来,内心焦虑、抑郁的情绪也会慢慢消失。

大多数人会用"福之祸兮所倚,祸之福兮所伏"这样的语句来宽慰自己,还有一些人会冷静地为自己分析现实情况,以此让自己摆脱不良情绪。

第三,合理情绪疗法。合理情绪疗法认为,人们的情绪困扰是由于不正确的认知即非理性的信念所造成的。因此,通过认知纠正,以合理的思维方式代替不合理的思维方式,就可以最大限度地减少不合理的信念给人们的情绪带来的不良影响。也就是说,很多大学生之所以遇到求职难题,是因为他们自己本身的观念出现了问题,由此产生了诸多不良情绪。唯有改变这些不合理的信念,调整自己的认知结构,才能化解不良情绪。比如,有些大学生眼高手低,导致找工作时处处不顺,其实,只要平稳自己的心态,认识到自己眼高手低、好高骛远的坏毛病并努力予以改正,其所面临的困境就会迎刃而解,不良情绪也就一扫而空。

心理调适的方法还有许多,比如自我激励法、松弛练习法、自我静思法、环境调节法、幽默疗法等,但关键的还是要靠大学生自己树立正确的就业观念,即以普通劳动者的身份先就业再择业,立足于自身的不懈努力,使自己保持一种良好的心态,这才是解决问题的根本。

参考文献

[1] 王江红.大学生心理健康[M].北京:人民卫生出版社,2020.

[2] 李学容,李彬彬.大学生心理健康教育[M].北京:科学出版社,2020.

[3] 刘新民.大学生心理健康的维护与调适[M].合肥:中国科学技术大学出版社,2020.

[4] 徐英杰,陈凯.大学生心理健康[M].厦门:厦门大学出版社,2020.

[5] 张向东,李厚艳,林强.大学生就业与创业指导[M].西安:西安电子科技大学出版社,2019.

[6] 冯宪萍.大学生心理健康教育[M].济南:山东人民出版社,2019.

[7] 齐斯文,贺一明,吴迪.大学生心理健康[M].长春:吉林出版集团股份有限公司,2018.

[8] 郑航月,夏小林.大学生心理健康教育[M].重庆:重庆大学出版社,2018.

[9] 肖少北.大学生心理健康教育(第2版)[M].广州:暨南大学出版社,2018.

[10] 桂捷.高校德育与心理健康教育研究[M].沈阳:东北大学出版社,2018.

[11] 卢家楣.学习心理与教学:理论和实践[M].上海:上海教育出版社,2016.

[12] 由新华,年星,王迪.高校心理健康教育教程[M].北京:新华出版社,2015.

[13] 陈梦薇,刘俊芳,李晓萍.生涯规划与职业发展[M].南京:东南大学出版社,2015.

[14] 龚平,黄平. 新编大学生职业发展与就业指导 [M]. 成都: 西南交通大学出版社, 2011.

[15] 彭晓华,刘志伟. 大学生职业规划与就业指导 [M]. 长春: 吉林大学出版社, 2009.

[16] 李正军. 高校网络心理健康教育导论 [M]. 南昌: 江西高校出版社, 2009.

[17] 张俊. 大学生情绪智力与心理健康 [M]. 太原: 山西人民出版社, 2009.

[18] 胡剑虹. 大学生心理适应与发展 [M]. 苏州: 苏州大学出版社, 2009.

[19] 茹秀华. 当代大学生心理问题与思想品德研究 [M]. 北京: 中国大地出版社, 2008.

[20] 陈光磊,黄济民. 青少年网络心理 [M]. 北京: 中国传媒大学出版社, 2008.

[21] 陈少华. 情绪心理学 [M]. 广州: 暨南大学出版社, 2008.

[22] 邢红梅. 情绪与健康 [M]. 北京: 中国社会出版社, 2008.

[23] 许佩卿,叶瑞祥. 大学生学习心理问题研究 [M]. 广州: 中山大学出版社, 2008.

[24] 霍美辰,汝晓红. 青少年网络心理健康指南 [M]. 北京: 中国社会出版社, 2007.

[25] 桂世权. 大学生人际交往指导 [M]. 成都: 西南交通大学出版社, 2007.

[26] 肖海雁. 当代大学生心理危机透析 [M]. 北京: 群言出版社, 2005.

[27] 陶国富,王祥兴. 大学生网络心理 [M]. 上海: 立信会计出版社, 2004.

[28] 陶国富,王祥兴. 大学生学习心理 [M]. 上海: 华东理工大学出版社, 2003.

[29] 陶国富. 大学生恋爱心理 [M]. 上海: 华东理工大学出版社, 2002.

[30] 莫雷,颜农秋. 大学生心理教育 [M]. 广州: 暨南大学出版社, 2001.

[31] 冉苒. 大学生的自我意识 [M]. 北京: 中国档案出版社, 2001.

[32] 郭娅. 大学生人际交往 [M]. 成都：巴蜀书社，2001.

[33] 连榕. 现代学习心理辅导 [M]. 福州：福建教育出版社，2001.

[34] 马剑侠. 大学生心理健康教育 [M]. 开封：河南大学出版社，1999.

[35] 肖旭. 青年社会适应心理研究 [M]. 成都：成都科技大学出版社，1998.

[36] 李志，陶宇平. 大学生心理及其调适 [M]. 重庆：重庆大学出版社，1998.

[37] 樊富珉. 大学生心理健康与发展 [M]. 北京：清华大学出版社，1997.

[38] 陈明忠. 大学生心理健康教育概论 [M]. 北京：中国环境科学出版社，1997.

[39] 杨树春，鞠恩功，王铁，季长生. 当代大学生心理健康导引 [M]. 沈阳：辽宁人民出版社，1996.

[40] 韦彦凌，贾晓明，江远. 大学生心理健康与咨询 [M]. 北京：中国经济出版社，1995.

[41] 陈庆良，丁昭福，刘明颥. 大学生心理学 [M]. 贵阳：贵州教育出版社，1995.

[42] 郁景祖. 大学生心理与调适 [M]. 上海：复旦大学出版社，1995.

[43] 陈文宝，王富君. 大学生心理与辅导 [M]. 北京：中国商业出版社，1994.

[44] 孟荣花. 大学生心理学 [M]. 郑州：河南人民出版社，1994.

[45] 刘立东，王春荣. 大学生心理健康导引 [M]. 大连：大连理工大学出版社，1994.

[46] 胡凌云，姜宪明. 大学生心理健康导论 [M]. 南京：东南大学出版社，1993.

[47] 郭亨杰. 大学生适应心理指导 [M]. 北京：高等教育出版社，1992.

[48] 徐斌，陆棋生，吕学聪. 大学生心身健康 [M]. 济南：山东大学出版社，1992.

[49] 孙非，张宝锋. 大学生心理导论 [M]. 北京：中国经济出版社，1992.

[50] 张克俭. 大学生人际交往 [M]. 南京：河海大学出版社，1990.

[51] 曾铁然,张大钧.大学生品德心理[M].成都：四川教育出版社,1990.

[52] 朱雨春.大学生人际交往与谋职[M].太原：山西人民出版社,1989.

[53] 余瑞.高校大学生心理行为问题成因分析及对策探究[J].山西青年,2021（22）：166-167.

[54] 吴成达,张琳,王玲玲.大学生情商教育：现状、原因及对策[J].现代商贸工业,2021,42（33）：60-62.

[55] 许芳,朱永虹.情绪干预理论在大学生心理健康教育中的应用效果[J].山西大同大学学报(自然科学版),2021,37（05）：102-104+120.

[56] 马亚博.大学生心理问题产生的原因及对策研究[J].教师,2021（29）：11-12.

[57] 阮松丽.高校大学生心理健康教育、心理咨询与德育工作相关性研究分析[J].食品研究与开发,2021,42（12）：233-234.